唯识史观及其哲学

中国佛学经典宝藏

75

法舫法师 讲述

星云大师总监修

人民东方出版传媒

東方出版社

《中国佛学经典宝藏》
大陆简体字版编审委员会

总序

星云

自读首楞严，从此不尝人间糟糠味；

认识华严经，方知己是佛法富贵人。

诚然，佛教三藏十二部经有如暗夜之灯炬、苦海之宝筏，为人生带来光明与幸福，古德这首诗偈可说一语道尽行者阅藏慕道、顶戴感恩的心情！可惜佛教经典因为卷帙浩瀚、古文艰涩，常使忙碌的现代人有义理远隔、望而生畏之憾，因此多少年来，我一直想编纂一套白话佛典，以使法雨均沾，普利十方。

一九九一年，这个心愿总算有了眉目。是年，佛光山在中国大陆广州市召开“白话佛经编纂会议”，将该套丛书定名为《中国佛教经典宝藏》[①]。后来几经集思广

① 编者注：《中国佛教经典宝藏》丛书，大陆出版时改为《中国佛学经典宝藏》丛书。

益，大家决定其所呈现的风格应该具备下列四项要点：

一、启发思想：全套《中国佛教经典宝藏》共计百余册，依大乘、小乘、禅、净、密等性质编号排序，所选经典均具三点特色：

1. 历史意义的深远性
2. 中国文化的影响性
3. 人间佛教的理念性

二、通顺易懂：每册书均设有原典、注释、译文等单元，其中文句铺排力求流畅通顺，遣词用字力求深入浅出，期使读者能一目了然，契入妙谛。

三、文简意赅：以专章解析每部经的全貌，并且搜罗重要的章句，介绍该经的精神所在，俾使读者对每部经义都能透彻了解，并且免于以偏概全之谬误。

四、雅俗共赏：《中国佛教经典宝藏》虽是白话佛典，但亦兼具通俗文艺与学术价值，以达到雅俗共赏、三根普被的效果，所以每册书均以题解、源流、解说等章节，阐述经文的时代背景、影响价值及在佛教历史和思想演变上的地位角色。

兹值佛光山开山三十周年，诸方贤圣齐来庆祝，历经五载、集二百余人心血结晶的百余册《中国佛教经典宝藏》也于此时隆重推出，可谓意义非凡，论其成就，则有四点可与大家共同分享：

一、佛教史上的开创之举：民国以来的白话佛经翻译虽然很多，但都是法师或居士个人的开示讲稿或零星的研究心得，由于缺乏整体性的计划，读者也不易窥探佛法之堂奥。有鉴于此，《中国佛教经典宝藏》丛书突破窠臼，将古来经律论中之重要著作，做有系统的整理，为佛典翻译史写下新页！

二、杰出学者的集体创作：《中国佛教经典宝藏》丛书结合中国大陆北京、南京各地名校的百位教授、学者通力撰稿，其中博士学位者占百分之八十，其他均拥有硕士学位，在当今出版界各种读物中难得一见。

三、两岸佛学的交流互动：《中国佛教经典宝藏》撰述大部分由大陆饱学能文之教授负责，并搜录台湾教界大德和居士们的论著，借此衔接两岸佛学，使有互动的因缘。编审部分则由台湾和大陆学有专精之学者从事，不仅对中国大陆研究佛学风气具有带动启发之作用，对于台海两岸佛学交流更是帮助良多。

四、白话佛典的精华集萃：《中国佛教经典宝藏》将佛典里具有思想性、启发性、教育性、人间性的章节做重点式的集萃整理，有别于坊间一般“照本翻译”的白话佛典，使读者能充分享受“深入经藏，智慧如海”的法喜。

今《中国佛教经典宝藏》付梓在即，吾欣然为之作序，并借此感谢慈惠、依空等人百忙之中，指导编修；吉广舆等人奔走两岸，穿针引线；以及王志远、赖永海等大陆教授的辛勤撰述；刘国香、陈慧剑等台湾学者的周详审核；满济、永应等“宝藏小组”人员的汇编印行。由于他们的同心协力，使得这项伟大的事业得以不负众望，功竟圆成！

《中国佛教经典宝藏》虽说是大家精心擘划、全力以赴的巨作，但经义深邈，实难尽备；法海浩瀚，亦恐有遗珠之憾；加以时代之动乱，文化之激荡，学者教授于契合佛心，或有差距之处。凡此失漏必然甚多，星云谨以愚诚，祈求诸方大德不吝指正，是所至祷。

一九九六年五月十六日于佛光山

原版序

敲门处处有人应

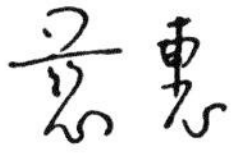

《中国佛教经典宝藏》是佛光山继《佛光大藏经》之后，推展人间佛教的百册丛书，以将传统《大藏经》精华化、白话化、现代化为宗旨，力求佛经宝藏再现今世，以通俗亲切的面貌，温渥现代人的心灵。

佛光山开山三十年以来，家师星云上人致力推展人间佛教，不遗余力，各种文化、教育事业蓬勃创办，全世界弘法度化之道场应机兴建，蔚为中国现代佛教之新气象。这一套白话精华大藏经，亦是大师弘教传法的深心悲愿之一。从开始构想、擘划到广州会议落实，无不出自大师高瞻远瞩之眼光，从逐年组稿到编辑出版，幸赖大师无限关注支持，乃有这一套现代白话之大藏经问世。

这是一套多层次、多角度、全方位反映传统佛教文化的丛书，取其精华，舍其艰涩，希望既能将《大藏经》

深睿的奥义妙法再现今世，也能为现代人提供学佛求法的方便舟筏。我们祈望《中国佛教经典宝藏》具有四种功用：

一、是传统佛典的精华书

中国佛教典籍汗牛充栋，一套《大藏经》就有九千余卷，穷年皓首都研读不完，无从赈济现代人的枯槁心灵。《宝藏》希望是一滴浓缩的法水，既不失《大藏经》的法味，又能有稍浸即润的方便，所以选择了取精用弘的摘引方式，以舍弃庞杂的枝节。由于执笔学者各有不同的取舍角度，其间难免有所缺失，谨请十方仁者鉴谅。

二、是深入浅出的工具书

现代人离古愈远，愈缺乏解读古籍的能力，往往视《大藏经》为艰涩难懂之天书，明知其中有汪洋浩瀚之生命智慧，亦只能望洋兴叹，欲渡无舟。《宝藏》希望是一艘现代化的舟筏，以通俗浅显的白话文字，提供读者遨游佛法义海的工具。应邀执笔的学者虽然多具佛学素养，但大陆对白话写作之领会角度不同，表达方式与台湾有相当差距，造成编写过程中对深厚佛学素养与流畅白话语言不易兼顾的困扰，两全为难。

三、是学佛入门的指引书

佛教经典有八万四千法门，门门可以深入，门门是无限宽广的证悟途径，可惜缺乏大众化的入门导览，不易寻觅捷径。《宝藏》希望是一支指引方向的路标，协助十方大众深入经藏，从先贤的智慧中汲取养分，成就无上的人生福泽。

四、是解深入密的参考书

佛陀遗教不仅是亚洲人民的精神归依，也是世界众生的心灵宝藏。可惜经文古奥，缺乏现代化传播，一旦庞大经藏沦为学术研究之训诂工具，佛教如何能扎根于民间？如何普济僧俗两众？我们希望《宝藏》是百粒芥子，稍稍显现一些须弥山的法相，使读者由浅入深，略窥三昧法要。各书对经藏之解读诠释角度或有不足，我们开拓白话经藏的心意却是虔诚的，若能引领读者进一步深研三藏教理，则是我们的衷心微愿。

大陆版序一

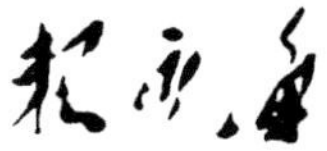

《中国佛教经典宝藏》是一套对主要佛教经典进行精选、注译、经义阐释、源流梳理、学术价值分析，并把它们翻译成现代白话文的大型佛学丛书，成书于二十世纪九十年代，由台湾佛光文化事业有限公司出版，星云大师担任总监修，由大陆的杜继文、方立天以及台湾的星云大师、圣严法师等两岸百余位知名学者、法师共同编撰完成。十几年来，这套丛书在两岸的学术界和佛教界产生了巨大的影响，对研究、弘扬作为中国传统文化重要组成部分的佛教文化，推动两岸的文化学术交流发挥了十分重要的作用。

《中国佛学经典宝藏》则是《中国佛教经典宝藏》的简体字修订版。之所以要出版这套丛书，主要基于以下的考虑：

首先，佛教有三藏十二部经、八万四千法门，典籍浩瀚，博大精深，即便是专业研究者，穷其一生之精力，恐也难阅尽所有经典，因此之故，有“精选”之举。

其次，佛教源于印度，汉传佛教的经论多译自梵语；加之，代有译人，版本众多，或随音，或意译，同一经文，往往表述各异。究竟哪一种版本更契合读者根机？哪一个注疏对读者理解经论大意更有助益？编撰者除了标明所依据版本外，对各部经论之版本和注疏源流也进行了系统的梳理。

再次，佛典名相繁复，义理艰深，即便识得其文其字，文字背后的义理，诚非一望便知。为此，注译者特地对诸多冷僻文字和艰涩名相，进行了力所能及的注解和阐析，并把所选经文全部翻译成现代汉语。希望这些注译，能成为修习者得月之手指、渡河之舟楫。

最后，研习经论，旨在借教悟宗、识义得意。为了将其思想义理和现当代价值揭示出来，编撰者对各部经论的篇章品目、思想脉络、义理蕴涵、学术价值等所做的发掘和剖析，真可谓殚精竭虑、苦心孤诣！当然，佛理幽深，欲入其堂奥、得其真义，诚非易事！我们不敢奢求对于各部经论的解读都能鞭辟入里，字字珠玑，但希望能对读者的理解经义有所启迪！

习近平主席最近指出：“佛教产生于古代印度，但传入中国后，经过长期演化，佛教同中国儒家文化和道家文化融合发展，最终形成了具有中国特色的佛教文化，给中国人的宗教信仰、哲学观念、文学艺术、礼仪习俗等留下了深刻影响。”如何去研究、传承和弘扬优秀佛教文化，是摆在我们面前的一个重要课题，人民东方出版传媒有限公司拟对繁体字版的《中国佛教经典宝藏》进行修订，并出版简体字版的《中国佛学经典宝藏》，随喜赞叹，寥寄数语，以叙因缘，是为序。

二○一六年春于南京大学

大陆版序二

依空

身材高大、肤色白皙、擅长军事的亚利安人，在公元前四千五百多年从中亚攻入西北印度，把当地土著征服之后，为了彻底统治这里的人民，建立了牢不可破的种姓制度，创造了无数的神祇，主要有创造神梵天、破坏神湿婆、保护神毗婆奴。人们的祸福由梵天决定，为了取悦梵天大神，需要透过婆罗门来沟通，因为他们是从梵天的口舌之中生出，懂得梵天的语言——繁复深奥的梵文，婆罗门阶级是宗教祭祀师，负责教育，更掌控了神与人之间往来的话语权。四种姓中最重要的是刹帝利，举凡国家的政治、经济、军事、文化等等都由他们实际操作，属贵族阶级，由梵天的胸部生出。吠舍则是士农工商的平民百姓，由梵天的膝盖以上生出。首陀罗则是被踩在梵天脚下的土著。前三者可以轮回，纵然几世轮转都无法脱离原来种姓，称为再生族；首陀罗则连轮回的因缘都没有，为不生族，生生世世为首陀罗，子孙也倒霉跟着宿命，无法改变身份。相对于此，贱民比首陀罗更为卑微、低贱，连四种姓都无法跻身其中，只能从事挑粪、焚化尸体等最卑贱、龌龊的工作。

出身于高贵种姓释迦族的悉达多太子，为了打破种姓制度的桎梏，舍弃既有的优越族姓，主张一切众生皆平等，成正等觉，创立了佛教僧团。为了贯彻佛教的平等思想，佛陀不仅先度首陀罗身份的优婆离出家，后度释迦族的七王子，先入山门为师兄，树立僧团伦理制度。佛陀更严禁弟子们用贵族的语言——梵文宣讲佛法，而以人民容易理解的地方口语来演说法义，这就是巴利文经典的滥觞。佛陀认为真理不应该是属于少数贵族、知识分子的专利或装饰，而应该更贴近普罗大众，属于平民百姓共有共知。原来佛陀早就在推动佛法的普遍化、大众化、白话化的伟大工作。

佛教从西汉哀帝末年传入中国，历经东汉、魏晋南北朝、隋唐的漫长艰巨的译经过程，加上历代各宗派祖师的著作，积累了庞博浩瀚的汉传佛教典籍。这些经论义理深奥隐晦，加以书写的语言文字为千年以前的古汉文，增加现代人阅读的困难，只能望着汗牛充栋的三藏十二部扼腕慨叹，裹足不前。

如何让大众轻松深入佛法大海，直探佛陀本怀？佛光山开山宗长星云大师乃发起编纂《中国佛教经典宝藏》。一九九一年，先在大陆广州召开“白话佛经编纂会议”，订定一百本的经论种类、编写体例、字数等事项，礼聘中国社科院的王志远教授、南京大学的赖永海教授分别为中国大陆北方与南方的总联络人，邀请大陆各大学的佛教学者撰文，后来增加台湾部分的三十二本，是为一百三十二册的《中国佛教经典宝藏精选白话版》，于一九九七年，作为佛光山开山三十周年的献礼，隆重出版。

六七年间我个人参与最初的筹划，多次奔波往来于大陆与台湾，小心谨慎带回作者原稿，印刷出版、营销推广。看到它成为佛教徒家中的传家宝藏，有心了解佛学的莘莘学子的入门指南书，为星云大师监修此部宝藏的愿心深感赞叹，既上契佛陀“佛法不舍一众”的慈悲本怀，更下启人间佛教“普世益人”的平等精神。尤其可喜者，欣闻现大陆出版方东方出版社潘少平总裁、彭明哲副总编亲自担纲筹划，组织资深编辑精校精勘；更有旅美企业家鲁彼德先生事业有成之际，秉“十方来，十方去，共成十方事”之襟怀，促成简体字版《中国佛学经典宝藏》的刊行。今付梓在即，是为序，以表随喜祝贺之忱！

二〇一六年元月

目 录

法舫法师行传

印顺述

法师讳法舫，河北井陉农家子，生于清光绪三十年（公元一九〇四年）。幼以避旱灾至北京，就学于法源寺义学。感佛门慈济恩，遂于一九二一年，依南岳是岸长老出家焉。翌年，佛学院初创于武昌。师闻风向往，乃结伴南参，亲炙于太虚大师者二年。转入北京藏文学院，且随留藏学法团西行。中止康定，欲求藏密；然以违缘，遄返武昌。自修于武院又数年。其学日进，善唯识、俱舍，为众所重。

一九三〇年秋，师任教于北平柏林教理院，兼世界佛学苑设备处书记。讲《阿毗达磨俱舍论》，学誉斐然矣！九一八变起，虚大师召之返武院，任世界佛学苑图书馆主任（世苑图书馆，即改组武院而成）。于苑中编《海潮音》，从事于革新佛教之宣导；亦时出其研究之绪余。其后凡三编《潮音》，断续竟五年之久。虚大师曾设预科、研究部于苑中，师居中主持之。且时过汉口佛教正信会，随机利导焉。武院为虚大师僧教育中心，《潮音》则其广长舌。一九一六、一九一七年间，始终以师主其事，实山门之中坚！抗战军兴，应学友法尊约，入川主持汉藏教理院教务。一九一三、一九一四年间，殊著劳绩。

虚大师国际访问归来，商得教育部同意资遣师赴锡兰，弘传大乘。经缅甸，适应战时需要，留年余。一九四三年二月，始西出印度；后时往来于印度之国际大学、锡兰之智严学院，师本其毗昙之旧学，进求锡兰之初传。因地随宜，小行大隐，每随顺于分别说者。西安筹设巴利三藏院，中锡互换留学僧，胥师由以导成之。一九四七年春，虚大师示寂。师念武院旧业，巴院新猷，惧摄持无人，乃经马来亚、香港而回国。所至辄观方设化，备受四众推重。翌夏，由厦抵沪。首礼虚大师舍利塔于奉化雪窦寺，因被举为寺主。嗣回武院，重开讲席。一九四九年春，于长沙开般若法会；受湖南首刹大沩山住持。虽国事日非，无可建树，然亦见诸方器待之深矣！自夏徂冬，卓锡香港。凡五启讲席，法化称盛。且刊行所译《阿毗达磨摄义论》。旋应锡兰大学聘，重游锡兰，主讲中国佛学；且二年矣。暇则游化马来亚、暹罗；于《太虚大师全书》之印行，所助尤力。初闻师血压过高，以师壮健，咸不以为虑。不图竟于十月三日，以脑溢血，俄尔示寂。生年仅四十八耳（以西法计为四十六岁）！

嗟呼！法师善英、日、巴利语，精研法相，兼涉世学，其法门之杰哉！比年游化东南亚，道誉日隆。方期移译南传，复兴中土，继虚大师之志行而光大之！宁知众生福薄，象王既去而象子随行者耶？宏愿未酬，识者同悲。谨为略述遗行，以志永念。

原序

法舫

去年夏天，我从印度经南洋回到阔别了八年的祖国，本想在国内随缘做些佛教文化事业，可是到了十月间，内战由东北、华北而蔓延到长江流域。我因为不大习惯过战乱的生活，又不会应变，所以在本年二月间，就离开武昌佛学院和我心爱的世界佛学苑图书馆，去到长沙。本来还想在四五月间再回到武昌，哪晓得时势不允许，于是我就打算过一过行云流水的生活。在长沙先是住在龙王宫华严精舍，后来我又移住在湖南船山学社，朝夕与社长周逸（木崖），社友向恺然、刘约真、谭云山、王仲厚、柳敏泉、朱长松诸先生，悟性、大定、自智诸法师，论道讲学，那时的情景，是其乐融融，其喜洋洋，不知人间尚有火药味！

时间如石火电光般地过去了！四月杪我便到了羊

城，在六榕寺挂搭十余日。曾游光孝、海幢、大佛诸寺古迹，昔时道场庄严，今日公园马厩，殊可悲叹！一日想去朝礼虚大师驻锡过的白云寺，行到郊外，闻道已是古寺无踪迹，白云渺然去！扫兴而归。

五月初抵香港，学友巫纪文君相迎，住宝莲下院，为众结缘，说《大乘理趣六波罗蜜多经·皈依三宝品》。其后数月，遍游香港所属名山教区，私心所爱者为大屿山。

六月间大埔墟慈祥、果圆二法师请讲《唯识三十论》。七月，东莲觉苑王学仁、林楞真二居士亦请讲此论。前后由黄本真与仪模笔记，听众多以印行笔记为请，遂再为修正而成斯册。

近十年来，我很少阅读中国文的佛书，尤其是大乘佛学的经论。这次讲演本论的目的，原为启示初学，一结法缘，并没有想做学术的讲解，所以讲时也没有去多翻参考书，只凭记忆，乘兴而谈；故在正题之外，大谈中国和印度过去的佛法大势，以及现代思潮和佛学的关系。这种讲法也可以说是新玄谈——好像那古今大法师讲经，高登法座，先来一回谈玄说妙一样。起初恐听讲者不感兴趣，因为我自己听经是最不喜欢听谈玄说妙的。不过，这两次讲演，因为有点历史性和学术比较研究性，所以听众还不感到疲厌。

在讲解的时候，为了初学者易于了解起见，故对专门术语，在不违反原意之下，多用现代术语说明。第二编中，第一章绪论，第三章第四节的能变识的次第，和第四、五、六三章的序言，是我加写的。其余的部分是就原笔记稍为改订而已。

凡是一种学说思想都有其历史的背景和发展，佛学亦如是，佛学的唯识学派也是如此。又，我们想要知道一种学说对人类思想生活有什么影响，或者说一种学说对人生有无价值，就必须从历史去研究，因为历史是反映人类生活思想的。我们看一种学说在过去历史上发生了多大的影响，就可以知道这学说有多大的价值。唯识学派，从三世纪至七世纪的五百年内，在印度学术思想界里，是很有势力的，它在印度哲学史上划了一个新的时代。换言之，世亲建立了新的思想，真谛、玄奘、窥基，将这学派传来中国，在六、七二世纪中的中国佛学史上也发生过极大的影响，这些是毫无可怀疑的史实。

言唯识学或曰瑜伽唯识学派，应包括说一切有部的思想，因为唯识学是从有部学说中产生出来的学说，弥勒、无著的思想也是基于有部思想的。探求唯识学中重要思想，如阿赖耶识和末那识、圆成实性、法性身土、自性涅槃、业果流转等思想，又应该探究印度六派哲学中共同的业与解脱的学说，以及吠檀多派哲学中的梵我思想；然后才可以知道唯识思想的原原本本。

唯识哲学是“有”的哲学，因为唯识学主张一切法通过“识”的关系，皆是存在的。真理是圆成实有，事相是如幻假有。唯识哲学又是“变”的哲学，因为主张一切有为诸法——宇宙万有，皆识所变。变是转变义、活动义、非常义，但要知道不动就不会“转”，也不会“变”，故变必要动。又一切有为诸法，在唯识学上也名为“行”，行就是变的意思，谓五蕴有为诸法，刹那生灭，变动不停。由此义故，说有为非常，非常故无自性；无自性故空；空故无我。由悟入无我，证得二空真如，获得二转依果。

瑜伽唯识学上说无分别智所行境界——“胜义离言自性，假说自性，平等平等，所谓如是境为最第一，真如无上所知边际。齐此一切正法思择，皆悉退还，不能越度”。此中所说的离言境界，就是中观学派所说的无所得正观、性空真如，天台的般若实相，贤首的事事无碍法界，禅宗的见自本性。由此，应该了解佛法上各宗各派所说的所证的，那种绝对性的真理境界是相同的，没有你高我低，不同的只是说明的方法而已。在说明理性与殊事上，唯识学派是条理井然；中观与禅是直接简明。除了这绝对性的真理之外，还有相对的殊事。唯识是特别偏重说明相对性诸法的存在，中观与禅是特别偏重说明绝对性的性空真如。至于修证上所用的方法，除了因个性的关系或有不同，其所证悟的境界又是相同的。因此，佛法中不论说理说行，都是殊途同归的。

本书得香港王学仁、林楞真、慈祥、果圆诸道友之助，才能迅速出版；又承老友大醒法师题封面；付印后由仪模负责校对，演培、续明二法师从旁佐助，私心甚感，统此志谢。

佛历二四九三年（公元一九五〇年）一月

叙于香江荃湾鹿野苑之明常楼

第一编

第一章　今日研究佛学之现状

佛学在公元前五百年时产生于印度，到公元前一世纪末[①]约在秦汉间，才开始陆续传入中国，迄今已有二千年的悠久历史。在这期间，时有兴衰。总因中国民族文化的宽厚，能容纳外来文化，所以佛教能成为中国文化的一部分，并且在中国文化史上放着灿烂的光明，这种光明一直继续到今天。今讲《唯识三十论》，对唯论以外的各宗，学者亦应知道一个大概的情况。因此先将今日中国的佛教情况略为一说。从研究佛学方面说，要以近四十年来研究情形为基点（寺院僧众制度与生活方式，此处不去叙述）。对于研究教理方面，在各宗派中，可说有些兴盛的气象。这些情形又都是与中国整个社会转变、文化思想，有连带关系的。在清末民初时，民族革命论士，如章太炎；变法运动者，如康有为、梁启超、谭嗣同等，对于佛教都有深刻的研究和提倡。同时，留学日本的学生和亡命在日本的志士们，亦都做佛学之研究，这对于新近中国佛学的发展，不能说不是一个主因。因为当时的社会在变，在革命，佛教界里也含蓄着应变和革命生机。因此，就有了近四十年来佛学新运动[②]。中国佛学在过去兴盛时期，有十几家宗派的建立，而现在流行的是大乘八宗；但依中国佛教历史研究，不外十宗，这里我要依十宗来说明今日研究佛学的现状：

一、俱舍宗：唐朝以后可以说就没有人研究了。在一九二〇、一九二一年间，有一位希声居士，开始研究《阿毗达磨俱舍论光记》，作《观俱舍论记》，刊在《海潮音》月刊，此后《海潮音》常载张化声等研究《俱舍论》的文章。一九二二年武昌佛学院的学科中订有俱舍一科，并由史一如教授翻译日人所著之《俱舍论颂释》作为讲义，学者颇感兴趣。后来，继史一如讲《俱舍》的为张化声居士，对研究生，尝提《俱舍》中之要义，做学术讲演。千年绝学，自此走上复兴之路。当时佛学院的学僧，皆喜攻《成唯识论》等科，研究《俱舍》者少。专心治此学者，法舫等二三人，法舫力攻《光记》，兼读《宝疏》，颇有心得。此时南京内学院校勘《光记》，欧阳渐作叙，大有功于治斯学者。法舫于一九二九年在武昌讲《俱舍颂》一遍；一九三〇、一九三一年间在北平世界佛学苑教理院（柏林寺）与女子佛学院讲一遍，且有颂释之编辑，其稿失于抗战；一九三八年在重庆汉藏教理院以两年之时间讲《俱舍论》，颇有发挥，编有《俱舍论科判》四卷。此后各地佛学院渐有讲《俱舍颂》者，并有作论文者，于是研究这一宗的人就渐渐地多起来了。

二、成实宗：民国以来，研究此论的人，可以说没有。唯虚大师曾作《成实论纲要》，刊《海潮音》，此外迄今未见有人研读。甚觉可惜！

三、禅宗：此宗在清世末季尚有生气，如镇江金山有大定上座等，扬州高旻寺有月朗等，天童有寄禅八指头陀、净心和尚，天宁之冶开禅师，扬州之文希（西髡）和尚，学行俱深，皆一时禅宗名匠。一九二一年前汉阳归元寺有修首座与昌洪和尚，于宗门一事，颇有机悟，为江夏的名德。北伐以来，此宗极衰，寂寂无闻。今日主持南华与云门的虚云禅师，是今日禅宗的硕果仅存，尝闻禅师自修深邃，说者以禅师不培养后学大振宗风为病。此外负禅宗盛名，目为全国模范禅林之高旻寺住持来果上座，自己功夫亦深，但北伐之后，抗战以前，亦忙于募化木石，自无暇于“向上一着”了。由此看来，宗风之衰，大有一蹶不振的趋势。

四、净土宗：净土在现在算是最兴盛的一个宗派了。因为学理简单，修习甚易，故各地佛教徒众，十九都为修净土的人。一九二一年以前，全国专弘此宗者是北京的红螺山。北伐以后，印光法师力弘净土兼重儒礼。一九三一年后，他才有了苏州的灵岩山，这是印光法师所倡导的新的净土道场。印师虽有《文钞》行世，皆劝人做人念佛，重在实行，对于净土之学理发挥，未及明清之高贤[③]。印师以度人心切，所以一味劝人念佛，不教人学教理，这是很可惜的事！以印师之学德，倘提倡研究净土教学，其助于佛教的发展，当更有宏效。又印师专倡西方净土，太虚大师倡兜率净土与人间净土[④]，多有发扬。

五、天台宗：在清末民初，颇为兴盛。如宁波观宗讲寺之谛闲法师，提倡最力，并设学社，作育后学。湖南南岳山有默庵法师、空也法师，北平法源寺道阶法师，都是天台法将。今日谛闲门人，则有天台山静权法师与广东显慈、海仁诸师，及上海法藏寺兴慈法师、金山仁山法师、华北倓虚法师等，也都专弘天台教观。武昌佛学院芝峰、谈玄对于天台学说，研究甚深，均有著述行世。

六、贤首宗：民初有月霞法师，在上海曾设华严大学，弘扬贤首教义，其门人一时遍天下。其中，持松、常惺、慈舟及焦山智光等为研究此宗最有心得之学者，各人并有著述行世。诸人中又以持松、常惺二人，为最有成就。

七、三论宗：唐宋迄今，几无人研究。民初刘玉子居士作《三论宗略说》。湖南张化声居士倾心斯学，曾在武昌佛学院讲三论，颇多精论。近年印顺法师力治龙树中观之学，作《中观今论》，对于此宗做有价值有系统之研究，且有英俊后学，从他探讨。同时，法尊法师译出西藏所传的中观派各书，如《菩提道次第广论》，辨了义不了义，都偏说中观见者。又译月称之《入中论》，并于成都、重庆等地讲之，大有助于斯学之复兴，所以三论宗才有重兴的曙光和光辉的境界。

八、律宗：有清一代，问津者少，全国僧众，都是茫然授受戒法，徒具形色。一九二一年以后，弘一律师与河南净严律师，于律学研究极精，且力行之。弘师未出家前为有名文学家、音乐家及美术、戏剧家，故出家后颇能接引一般文人志士之归向佛法。此外尚有慈舟法师，也力倡戒律。可是全国最有名的南京宝华山律寺，每年春秋两季开传大戒，只是念诵科文而已，对律学，无人问津，殊觉可惜了！

九、密宗：唐宋以后，世称绝学，现在则很盛行。一九二〇年，《海潮音》刊密宗专号。后有大勇、持松、显荫等赴日留学，归国提倡此宗，学者之盛，风靡一时。广东复有曼殊揭谛和王弘愿居士，亦弘传东密，译著颇多。这是东密的复兴，在一九三一年前，可说是风行一时的宗派。一九二五、一九二六年后西藏密宗渐渐东传，大勇、法尊等赴藏学法，法尊译西藏密宗《道次第》等书；又有班禅等各大喇嘛，以政治地位大力弘扬。所以从藏密盛行之后，东密寂然无闻，这也可以说是西藏喇嘛战胜了日本阇黎。

十、唯识宗：清末以来，最初提倡唯识宗的是杨文会（仁山）居士，他是近年复兴中国佛学的有力人物。杨先生与日本名学者南条文雄为好友，并受其影响很大。唯识宗的唐人注疏多流传于日本，他从日本取回古典，校印流通，功德无量。其后有梅光羲、欧阳竟无、刘珠源、张克诚、韩清净、唐大圆、吕澂、景昌极、王恩洋、邱希运、持松、常惺、会觉、法舫、法尊、芝峰、印顺、墨禅、谈玄等，都是精研唯识学的人。这些人中，有的是述古的，有的是考据的，有的是发扬新论的，有的是探究历史的，都各有所长，各有著述行世。在佛学的研究方面，这一宗算是最盛行的了。

十一、太虚大师与今日佛学：太虚大师是四十年来复兴中国佛教的领袖，他平等提倡八大宗学，对整个佛学有其特见。他不是特别提倡一宗一派的人，对八宗都随缘弘扬，齐为发挥。他对每一宗的学说，都有著述讲说，而他对于整个佛学的整理融贯，如三乘共法、五乘共法、大乘不共法之分，印度佛教之三时三系及三宗之融判，都是发前人之所未发的思想；所以没有把他放在某一宗派之下。

总观十宗在今日，禅、律、成实三宗是极衰微的，原因是研究的人很少了。俱舍、三论、台、贤四宗是半衰微的，研究台、贤的虽多，但方法是陈旧的。净土、密、唯识三宗，可说是最兴盛的宗派了。

十二、研究的新趋势：这里所谓新趋势者，就是指今日研究藏文、巴利文与英、日文佛学的趋势。藏文佛学之研究先有吕澂、汤住心。一九二四年太虚大师命其弟子大勇，在北京设佛教藏文学校，一九二五年组赴藏学法团之后，佛学界对西藏文之研究甚有兴趣。十年后法尊、严定、汤住心、吕澂等译藏文经论数十种，汉藏佛学之研究始行沟通。此外，又有墨禅、谈玄、芝峰、吕澂等对日文佛学之研究，芝峰且主持翻译日译之《南传大藏经》（即日译之巴利文三藏）。梵文、巴利文、英文佛学之研究，有法舫、巴宙（法周）、白慧等。法舫、巴宙且从事巴利文佛学之翻译。从这方面看，中国佛学界之努力，已趋向于世界佛学之研究。

注释：

①见印度 Bagchi（师觉月）的《中印文化二千年》。

②太虚大师这时受新学的影响，倡佛教革命论，主张教理革命、教制革命、教产革命。

③明朝之莲池、蕅益、袁中郎，清之截流、省庵、彭际清。

④参看大师之《慈宗三要叙》《建设人间净土论》《佛法之净化主义》等书。

第二章　从现代思潮看唯识学

第一节　时代思潮与佛学

为什么要从现代思潮看唯识学呢？因为佛教在世间是不能离开世间法的。佛教必须与世间发生关系，合乎世间的要求，才能立足世界上。譬如在世间建立寺庙，有人出家，有人弘法，这些都是与世间有关系的，都象征着佛教是合乎世间人生需求的，在社会上有地位、有作用。如果佛教对人类没有利益，那世间人类就不需要佛教。若是世间不需要它，或是佛教于人世毫无利益，那它就应该早已消灭了。然而，事实并不是这样的。它——佛教之所以在不同的区域、种族间流传下来，且拥有广大的信众，这证明佛教的确是有其存在的价值的。既是有价值，故佛法可以弘扬于世间，但佛教学说在现代社会思潮的地位怎样，是值得注意的。唯识学是大乘佛教的一大学派，对近三十年来的思想界，发生了很大的作用，更需要注意去研究去观察。

这里所说的现代思潮，是指十九世纪以来，西洋的文艺复兴时代到二十世纪的科学时代的运动。一个时代的思想，能成为一种有力的运动者，就名之曰时代思潮。欧洲在文艺复兴之前，是宗教特权时代，也可说是黑暗时代。因为人人迷信宗教，神权高于一切，人类是处于一种暗无天日的境遇。文艺复兴是科学昌明，由科学的研究，打破了神权乃至上帝万能的迷惑，遂产生了光明的近代科学文明。现在因科学有原子能的发明，故有人说今日是原子能时代，这可以说是科学最发达的时代了。在印度是先有婆罗门教的思潮，次有六派哲学的思潮，后有佛学的思潮。在佛教又有小乘和大乘、显教密教等思潮，最后又复原到印度教的思潮。

就中国文化发达史说：我们先有先秦诸子之学，汉朝的经学，隋唐的佛学，宋明的理学，清代的考据学[①]和今日的科学。这些，都可以代表每一个时代的思潮。清末民初以来，我国思想运动成为潮流者，即所谓五四运动。这个运动包括多方面：在政治方面是争取独立、平等、自由；在社会方面，要脱离一切不合理的封建制度、礼教约束；在文学思想方面，是争取白话大众语，争取科学知识，打倒文言文和“孔家店”，以及一切迷信的封建思想。因此运动的策励而有了北伐的成功、抗日的精神。现在中国思想，又有一种洪流大潮，正在澎湃地激荡着整个的中国和亚洲，这就是唯物的、社会的新民主主义运动。这些思想，都是先有它接受西洋科学和哲学的背景，方能发扬成这样的成果的。

总之，现代的思潮，可分说两点：一种是科学的，另一种是哲学的。先从科学说。

第二节　科学与佛学

一、科学的性质与佛学。科学是什么，或者说科学的性质是什么，这是很难说明的。因为科学家对此问题，各有各的说法，人人不同，绝不一致。今略举数说：

（一）数与量说：有人说“科学乃在量的范畴下想象世界之试图。……当吾等言科学观察准确，吾人不过谓其依数量标准而进行思想也”。有人说科学不过是一种分析的方法而已，是研究或观察宇宙万有的方法，这种方法所用工具，不外乎是数与量，用这些方法去分类析别万有的每一个总体。因此有人说科学就是数与量及类与测度等，科学这一名称，就是指这些概念，离了这些，就没有科学可言。

（二）关系说：张东荪教授在他的《思想与社会》一书中指出这些（量与数等）概念，都是零碎地、狭义地解释科学。他说："因此我主张在这些（量与数及类与测度等）之根底上，实更潜伏有一个根本原始的概念，我名之曰'关系'或'关系的秩序'，因为我这样主张，可以把物理学、天文学等都包括在内。不然只把数学当作科学的代表，这是不十分妥当的……"

（三）全体与部分：张君又说："至于关系这个概念，就是在一个复合体之中，如其可以分析，则其所得的结果无论有多少的项目，而这些项目是有关系的，所以一说到关系，势必连及到'全体'与'部分'等概念。我们可以大胆地说：凡是可以分析的必是其中有关系的，即普通所谓因果关系。总之，倘使不预先设有关系这个观念，则一切皆无由进行了。"

（四）关系是本有的，"而关系这个概念却是最先有的，不是规定的，此外其他概念如秩序、结构、相续等等，无一不是与关系这个概念相结合在一起的。至于空间时间在科学上，只是系列的秩序而已，必须由测量而定，亦是离不了关系这个概念在暗中支配"[②]。以上是科学的定义。

我们再来看佛学：

（一）从上面所引述的，很明白地可以看出科学的定义；或者说科学的性质就是关系，关系可以包括一切科学。这关系二字在唯识学上说，就是因缘或缘。佛说一切法皆因缘生，皆由缘起，同时也由缘灭，也就是说一切法皆由关系而生、而住、而灭。关系包括一切科学，等于因缘包括一切法。如在唯识原则上说：眼识这一概念，要由九种缘（关系）生，耳识由八种缘生……佛学上说“缘”略有四种，广有二十四种。（参看我译之《阿毗达磨摄义论》）

（二）其次，言关系是一个复合体者，因缘这一个概念，也就是总合体；佛学上也说是“因缘总相”（复合体），总相之中有别相，就是说关系的复合体中包括很多的项目。说到因缘，必定有总相与别相，因此佛学上说：随拈一法摄一切法，一法之中有一切法，一切法中有此一法，这是“事事无碍”，和关系有全体与部分，完全是一样的；只是代表这些概念的符号（名词）不同而已。所以在科学上说“关系”，和唯识学上说“因缘”，是全无差别的。那么，唯识学（或者说佛学）是极合乎科学的了。

（三）更可注意的是“可分析的，必是其中含有关系的，普通说是因果”。这几句话，在因缘所生法上说：凡是一法的生起，必是有多种的因缘，这些因缘当然是可以分析的。这中间就是因果性，佛陀最初觉悟的就是这种关系，这种含有因果性的因缘法。佛说“此有故彼有，此生故彼生，无明缘行，行缘识，识缘名色……”等万法生起的法则，就是说明因果关系的因缘法则，也就是佛学的基本法则。

复次，张君说：“若不先有关系这概念，则一切皆无法进行了。”在佛学上则说：一切皆由因缘生，离因缘外诸法不生。佛说：若言“若有一法超因缘者，是外道说”，一切法不但由因缘生，而且是由因缘灭，若无因缘则一切法不可得。你若问什么是因缘，一切法就是因缘，恰如一切概念都是从“关系”这一概念来的一样。那么，我们也可以说，关系这概念是什么，关系就是一切概念。

（四）复次，契经言：“如来出世，若不出世，如是缘起，法性常住。”这就是说“关系这概念，却是最先有的，不是规定；但是应该知这关系不是离万物而别有”。此缘起性，也是本来如是而有的，佛虽证之、说之，而却不是佛陀所规定的，不是“有别法体，名为缘起，湛然常住”③。故《增一阿含经》（卷二十六）云：“欲使空为地，复使地为空；本缘之所系，此缘不腐败。”

现在我们说一说缘起的缘吧。缘起性的缘在小乘有部诸经论中说有四种缘，即因缘、所缘缘、等无间缘、增上缘。大乘唯识宗诸经论中也详说此四缘；在《成唯识论》中又依四缘及十五依处而建立十种因（《成唯识论》

第七、八卷），其所说因，也就是缘义；南传上座部的诸论中说二十四种缘（南传《阿毗达磨摄义论》第九品），都是这因缘的别名别相。就等于关系以外其他的概念，如秩序、结构、相续等诸概念，是无二无别的。因此，我们应该知道，在古时代说因缘，今时说关系，名字不同而已。

从上所说，也可以说科学是什么，科学是关系学；佛学是什么，佛学是因缘学，是因果学。就是不研究佛学的人，也知道佛学是谈因果的。从上面所引述的，我们知道科学也讲因果，佛学中不论大小乘，任何学派都讲因缘和因果的道理，其中讲得最精详而透彻的，就是法相唯识学了。

二、科学的分析与佛学之分别。分析法就是讲条理的，在科学也叫作演绎法。学过科学的人，都知道科学是着重在分析的，就是前面说过的数、量、类、测度、系列等概念，也就是科学的本体，或说科学的方法，这些部门都有一个共同的目标作用，就是分析。科学家不论研究一件什么事体，或化验一种什么物体，或测量一种什么地形或物体，都要确实地依那事体物体的本身，用一种仪器去分析它。或者以数学的各种方法去分析，或去测量，或用分类法，或用测度法，用记录法记录下来，然后一计算，就可以得到结论——物体或事体的真象。从此得到一种结果的概念，就是所谓科学知识。

法相唯识学也是最重分析的，分析研究的方法，也是如此的。譬如说色法，英译曰 form，等于物质。唯识学上先下一个定义曰：色者，是对碍义，凡是有对碍的都是色（物质）。那么，唯识学上先分为二类：一是有对色，二是无对色。第一类中分二：一是五根色，二是五尘色等。无对色中又有五种。今特列一表[4]以明之：

- 色法（物质）
  - 有对色
    - 五根系
      - 净色根——五官的神经（机能）——眼耳鼻舌身
      - 扶根尘——五根的器官——眼耳鼻舌身
    - 五尘系
      - 色境——二十种
      - 声境——八种
      - 香境——四种
      - 味境——六种
      - 触境——十一种
  - 无对色
    - 极微色——分子——原子——电子、量子，不可以肉眼见
    - 极迥色——极远的色，不易见
    - 定所生色——又名定果色——定的境界
    - 受所引色——无表色——如受戒所得的戒体
    - 遍计执色——颠倒妄执所生色

如再分析，就是在色境上把它分析成几多极微，再把极微一分析等于空了。因此佛学说析空观。

看了这个表，就可以知道唯识学对法相（事物）分析法是多么精细，系列是多么有条理，类别与数量是多么分明清楚，任何一个科学家都不能不佩服，都不能说这是不合科学的。唯识学上的法相分析法是很重要的，凡是研究唯识的人不可不注意。我们对于解释每一法的时候，总有“诸门分别”一科，所谓诸门分别者，就是科学的分析方法。这些分析法，在《俱舍论》最详细最精密了，比科学分析得还细密。因此使胡适之博士读来觉得大费脑筋，于是他说佛教法相唯识学“是一部烦琐的哲学”。我想胡先生是个哲学家，不是科学家。

三、经验与性境现境。科学有社会科学与自然科学，其自然科学的研究：（一）特别注重现实的对象；（二）经验的方法。由此才可以得到科学的真实知识。这种现实的对象就是唯识三种境界中的性境（现实的境界）。科学所研究的各种对象，都是我们眼见的、耳闻的、鼻嗅的、舌尝的、手所触摸的，有现实性的实在物体，这就是唯识学上说的五识所观察的性境，性即实在的意思。科学方法得来的真的标准的知识，即是唯识学上的知识，名曰“量”，就是真的标准之义。三量智中的现量智，量即知识，现实的知识曰现量智，绝不是幻想的，也不是猜度的，更不是想象的。此外科学家的态度注重假设，因为对某一事物的真相，没有现实的真智，没有分明了了的时候，不敢妄下断语（科学家最怕武断）与妄作定论。因为不敢自信，故对不能确实决定之境，常常以假设的态度，留作进一步研究与考验；或者他们以此而推及其他，这也很合乎唯识学上的比量智。比量智是推度比较之义，即是因明学。

四、逻辑与因明学。逻辑就是科学中的论理学。有人说，某种事物或某种理论，若是合乎逻辑的，就算是真实的、正确的；不合逻辑的，就是不真实的、不正确的。逻辑本来是讨论命题的，一个命题只有两个概念，其中二者有了关系，就成命题。因明叫作“立宗”，所以有人说，逻辑只管形式的关系，逻辑用的推理方法是三段论法，因明是三支比量。有人说：逻辑不能算是一种独立的科学，而只是科学的一种方法。佛学中的因明学，就等于科学的逻辑。因明在印度很发达，不只是佛教专有品，其他学派也都应用它。佛教的唯识学，处处以因明量式来组成，《成唯识论》及其他唯识宗经论，全是用因明法式写成的。因此，凡研究唯识者，必须先研究因明学，因为因明是研究唯识最不可少的工具。读《成唯识论》等，若不通因明方式，则虽精通亦难了解其奥义。其他中观学派的书，如清辨之《掌珍论》等，也都用因明论式。

在印度空有大乘学派盛行时，常集学者在一堂，共同辩论。其辩论的方式，都用因明论式。此种方式，今日蒙藏各寺院中，仍然进行。由此，我们知道佛学，特别是唯识学，是最合逻辑的学说。

第三节　哲学与唯识学

其次从哲学说，哲学这一词，它的意思是求知或求智慧。求智慧是追求认识真理。凡追求宇宙人生真理的学说，都叫作哲学。哲学又叫作形而上学，因为它探求的，不是客观的现象，而是事实的本体。因此哲学上有本体论和知识论。

西洋哲学，有唯心论或云观念论、唯物论、心物二元论等派别。唯心论也有很多派别，不能一一讨论，今则只说唯心与唯物。所谓心，就是我们的认识，或者是一种观念。观念就是等“相”，或是一种意象，也可以说是理性。现在略说一二。

一、素朴实在论。在中国哲学中有无极太极之说，其主张与此相似。此派以为耳目所见闻即能得事物是实在，故吾人知觉所得是符合事物之实体——如轻重、厚薄、大小、方圆，皆事物之实在性，此种实在性是事物原有的，不是外来的。此实在性的事物不离心的范围。吾人心识去认识它或不认识它，它都是如此存在的，心识不过是依事物之形式去了知事物而已。依此种实在论的见解，就有一元多元的分别。谓事物体是一元的或是多元的，这合乎唯识理论中的世间极成真实。在一切法唯识变现的原则上，此派学说是被否定的。

二、主观唯心论。此派主张唯有知觉的主观心，而无一切外物，但是我们认识的观念是在意识之内，而不在意识之外。故此派否定一切外物的存在。一切外物的存在，都是主观自心所现的影子。如世间诸法，科、哲学等，人伦道德等，人格习性等，都被否定了。此派所说与唯识说的外境非有好像相同，其实不同。唯识不否定外物的存在，说外境非有者，是说外物不离心识的关系而已，说外境物没有实体性而已，外境仍有那因缘所成的假象。

三、客观唯心论。以为宇宙万有都是世间人类的共同心的客观存在。诸法虽千差万别，可是皆是人类共同心理之表现。这种共同的意识，黑格尔学派称为观念论。认为吾人意识上的物的观念，就是物的本身，此共同心在个人是有一份而非吾人心理之全体。又此共同心是无可证明的，与这“一神”之无可证明是一样的。意谓此不可证明的共同意识，就是万能的。换句话说，黑格尔用辩证法把“一神”论改为观念论罢了！而以心神为万有之造物主[5]，此与佛教唯识学正好相反。

四、机械唯物论。此派与前说之唯心是相对的。因为物与心是相对的，物是有形体有限量的，心是无形体无限量的。物是占空间的，自然界的一切东西，自然科学的对象，统称曰物。一切世间都现象差别，都是物的互相创造，故谓宇宙本体是物质，并不是唯心，更不是上帝；人生的历史演变也是唯物论的演变，因此而有唯物史观的哲学产生。因为人类历史变迁，是以经济做背景的。经济是什么？经济本身就是物质，或曰生活物质。这就是马克思的《资本论》的出发点。故人类自古迄今一切历史演变是唯物论的。近代唯物学者更说人类之意识也是由物的反映而产生的。意识的活动，就是脑的活动，离了大脑的反映活动就没有意识了，所以说存在决定意识。此能活动的脑就是物质，故主张一切唯物，即心不过是物的条件。这种唯物有一个缺点，就是会演变成定命论，因为物物相生的因果律是确定的。若成了定命论，在唯识学上是讲不通的。还有一点，唯物论否定善恶业的因果律，也是讲不通的。

五、心物二元论。这里的心便是吾人的认识，物就是自然的一切东西。这派是说一切外境，都是我们意识的对象。外境是物，我们的意识是心。我们看见一朵花，在意识上起了一个花的观念（或是概念），这就是心。但是这花的观念，是根据外面的花这东西而生起的。而我们的认识，知道这东西是花，却又是从观念有的，所以说外物与内心是互相不离的。所以说心物二元是万法的本原、宇宙的本体。这理论，好似小乘经量部的色心互熏之说、色心互为因的种子论。但是根据自然科学和生理学，我们认识一个外物，如一朵花，是由于这花的本身，由于光线等关系，将花的影子，射到眼珠上，经过眼膜到于眼神经，即将此花影印在眼上，而起了花的认识（观念），再由此眼神经将此认识传到（或报告给）大脑神经，于此，花的认识程序完成，而意识造出或传出这是属于心的“一个花的观念”来。由眼神经传入大脑，毫无疑问是机械性的。可是这花的作用，到了大脑中枢之后，怎样可以引出一个意识上的概念呢？科学家和二元论学者，至今还没有解释[6]。唯识变现一切万法，并非如此。

六、佛教唯识缘起论。佛教的唯识学，和以上所说的哲学，是不尽相同的。所有唯识的理论体系，以后将次第详述，这里略说一说。经云：“诸法唯识，三界唯心，一切皆心所作。”因此说唯识无外境。但是唯识对于外境界物，并不否定其存在。说唯识者因为在万有诸法的生起上，心识的影响力最大，不是说万法都由此唯一无二的识所创造，说识不过是生起诸事物的重要因缘之一环——有力的一环而已。若是从识的产生上说，吾人之心识，是依靠根、境、光明、物质等众多关系（缘）而生起的。这是二元论和多元论。然而识和境是不相离的，故说识外无境，以识最胜，名曰唯识。这是着重缘生的道理，不是绝对说只有识的存在，否定一切客观存在。可说是心境合一论。

从上面各种说法看来，佛学，特别是唯识，是理智的，也可以说不是宗教的。若说是宗教，是理智的，绝不是迷信的。唯识学与哲学、科学都合得上，而且可以纠正其错误思想，改正那些歪曲的理论。故研究唯识学，不但使佛学得以发扬，更可以增进科、哲学的昌明。这就是近四十年来佛教唯识学很为学术界所注意的原因。

注释：

①见梁任公《清代学术概论》(商务版二页)。

②张东荪之《思想与社会》第二章第二十八至三十页。

③《俱舍论》卷九，十七页云："有说：缘起是无为法，以契经言：'如来出世，若不出世，如是缘起，法性常住。'由如是意理则可然，若由别意理则不然！云何如

是意？云何为别意？而说可然及不可然。谓若意说，如来出世，若不出世，行者常缘无明等起，非缘余法，或复无缘，故言常住，如是意说，理则可然。若谓意说有别法体，名为缘起，湛然常住，此是别意，理则不然。所以者何？生起俱是有为相故，非别常住为无常相，可应正理。”

④《法相唯识学》上。

⑤《法相唯识学概论》。

⑥王季同之《佛法省要》。

第三章　从中国佛学史看唯识学

第一节　中国佛学史的概观

唯识学在中国大乘佛学方面，是一个很重要的宗派，最重学理的学派，与各宗学理都有关系。为此，我们必须从中国佛学的史实上，即发展的过程上略加以研究。

一、唐以前的佛史概观：佛教传入中国的年代，近代的学者，颇有异说；但是一般地说，是东汉永平十年。佛教是由印度经西域而传来的，是一种外来的文化，当然是要靠翻译的。佛教的翻译，自汉末安世高、支娄迦谶（公元一六七年来洛阳）开始，到三国时，有支谦、康僧会、维祇难等，译《六度集经》《法句经》等。翻译的事业，渐渐地展开，国家虽在战乱，人民对新来的佛教，逐渐乐为接受。

西晋时国家较为安定，佛教承三国时的学风，国朝与民间之信仰已立，西域的高僧，接踵而至，继续地介绍新的精神食粮，故译经事业，比前更盛。如西晋竺法护，由西域随身带梵本到长安洛阳（公元二六五年），译《光赞》《无量寿》《十地》《大哀》《般泥洹》等经。竺法兰译《般若》等经。东晋时，佛法大弘，西域大德来长安者，有讲禅之佛图澄，说般若之鸠摩罗什，译毗昙之僧伽提婆。东晋之高僧，有高瞻远瞩的弥天释道安，净土创始者慧远法师，罗什门下的四哲——道生、僧肇、道融、僧叡。这时期的佛教翻译，小乘有阿含与律部的译出，小乘三藏得其全貌。至大乘佛法，有禅学与《法华》《金刚》《般若》《三论》《成实》等大乘经论之译出，使大乘三藏亦备。大小经论，洋洋大观，真是空前未有。其时律行禅学，以道安之提倡，奉行者众。《三论》《般若》《成实》，以罗什及其门下的弘讲，为中国中观学派建宗之始。罗什之《法华》又为慧文、慧思、智者尊以开宗。这些学风，大行于江北京洛间。在江南的有慧远，宗在般若，行在净土，及僧伽提婆之弘译《毗昙》。所以这时的佛学研究的盛况，真是空前未有。还有一人，特别值得提出一说的，就是中国的第一位留学生法显。他以留学印度成功归国，不但对中印佛教有绝大的贡献，就是对近世西洋探险工作，也给予莫大的鼓励。

其次是南北朝的佛教。南朝时西域僧东来者更多，罽宾的昙摩密多、畺良耶舍、求那跋摩、僧伽跋摩、菩提达摩、真谛三藏等。此中以菩提达摩之传建禅宗，真谛三藏之传译《俱舍》《唯识》，为最有功名。这时，南朝有名僧慧文、慧思、智者等建立止观，成天台宗。慧可等承传禅宗。真谛学人立摄论宗（为后来唯识宗之开始）。慧观、谢灵运之涅槃宗。义学之盛，不减两晋。北朝有昙无谶（公元四一二年）之译《大涅槃》《金光明》《楞伽经》等。菩提流支（公元五〇八年）、佛陀扇多（公元五二五年）、勒那跋提（公元五〇八年），共译《十地经论》，无著、世亲之唯识，遂传于北土。慧光之研究《四分律》，而开立律宗（《黄史》《汤史》《宗派源流》）。

佛教从初传入到南北朝止，有六百年的历史，这个时期可以说是接受佛教时；隋唐时代是融化时；宋明时代的佛教就真正成了中国文化的一种分不开的血液了。

唯识学在佛学传入的初五百年中，即真谛之前，可以说没有这个学派，因为建立法相唯识学的典籍还没有传来。

佛教到了隋唐，大、小、显、密，八宗十派，同时发扬，光华灿烂，未足喻其盛也。可以留待后面说吧！

二、唐以后的佛史概观：中国佛学自唐以后，可以

“禅、净、教、律”四派，或“禅、净、教、律、密”五派来包括。唐以后大多数寺院的僧众，不是参禅便是念佛，不是念佛就是参禅，其他宗派就不在他们的兴趣范围之内了。唐时的“教下”，包括天台、贤首、三论、唯识四宗。小乘俱舍、成实，也有硕德与时争妍。自宋以后（宋、元、明、清四朝），中国讲“教下”的，都以天台、贤首两家为主，而三论、唯识、俱舍等无人问津了。[1]原因是三论与唯识二宗典籍的注疏，在唐武宗会昌法难之际已毁灭了。既无真籍又无传承之人才起而兴之，以至于一蹶不振。而天台、贤首因为重在教观，就是寓教理于观行，三论、唯识重在教理，观行无书尚可传承，教法无典则妙理难知。同时天台与贤首两宗的学说，很接近老庄的思想，是根据中国人的思想发展成立的，是中印思想融合的产物，所以中国人易于接受。在宗派成立地域上说，天台、贤首两宗创建于中土；三论、唯识两宗，则由印度原原本本地搬来，并未受中国人思想的融化。故在会昌法难之后，典籍一失，传承之人，遂成绝学。台、贤两宗与此情势不同。所以赵宋以后，“教下”则唯天台、贤首，传承不绝。

天台宗以讲《法华经》为主，贤首宗以讲《华严经》为主。宋以后至清末民初，中国人研究佛学的除了净土、禅宗以外，学习教义的，十九是研究天台宗和贤首宗。

除了这两宗的主经外，《涅槃经》《楞严经》《维摩经》《圆觉经》《金刚经》《梵网经》《弥陀经》《四分律》等，也都讲解；并且讲述他们的《四教仪》和《五教仪》等宗要典籍。除了这些以外，便再也没有什么可讲的了，而且所讲都是刻板的文章。“教下”的寺院，因为讲说经教，所以寺名讲寺，以示别于禅寺与律寺。

至于三论、唯识两宗的注疏，直到民初才由日本取回，学者才群起而研究之。所以这两宗的复兴，不过是近三四十年的事呢！唯识学的根本经有六种，最重要的是《解深密经》。此经以五法三自性、八识二无我为宗要。三论宗有《中论》《百论》《十二门论》，加上《大智度论》，故称为四论宗。此宗是以《般若经》所谈的甚深空义为宗要的。

除禅、净、律及“教下”的四宗外，还有密宗，是研究秘密教的，以《大日经》《苏悉地经》《金刚顶经》为所宗。有教相和事相的两大部门：教相是研究其事相所根据的教理；事相则是建立坛场，修持三密的一切仪轨，这一切仪轨都是象征教相所诠的真理。这一宗在唐宋时最盛，以后也就绝传。唐人的一切注疏、仪轨秘本，都失传于日本，因此，元、明、清以来，密宗也成为绝学。[②]所留下来的只是应赴僧所唱演的《瑜伽焰口》和《蒙山施食》等。这一宗可以属于“教下”，因为密宗首重教相的通达，教相不明，事相不能传授。而且事相修持的传承，尤其重师承，口授指教。但也可以摄在行门中，因为是以修证为旨归的。

除以上所说禅、净、律、密、台、贤、三论、唯识等中国佛学的大乘八宗外，尚有两个学派，自唐以后中国佛教中平常没有人谈及的，那就是俱舍和成实两个学派[③]。这两宗也是属于“教下”的。唐以后无人研究的原因，是因为中国佛学界，自古迄今偏重大乘，卑视小乘的观念所使然。这是错误的，今后应该转换这种错误的观念。因为小乘佛教是根本的佛教，是原始的佛教，是释迦牟尼佛亲口所说的教义。此二宗义，下面再详加叙述。

这两个小乘宗派和大乘八宗合起来，是中国佛学的十宗学派。那唯识与其他九宗有什么关系呢？一定是有关系的，因为佛法是互相融摄的，绝不是互相水火的或互相对立的；况且这些宗派的学说思想泉源，又都是原本于佛说的。研究佛学的人，特别应注意这个见解。不可分门别户，故步自封，尤不可互相排斥，分河饮水，应该知道江河虽殊而同归大海。能明了这点，则知中国佛学各宗派之间，都可互相助成，互相发明，平等平等，无有高下。（所以，我不赞成判教的作风。）唯识学派在一切佛法中，自然也是如此的。

第二节　唯识学与各宗

这里先说唯识与两个小乘学派的关系，然后说到大乘各宗。

一、唯识学与俱舍学：《俱舍》是论名，原名《阿毗达磨俱舍论》，译曰《对法藏论》。内容是以明人空法有为宗旨的，此书在研究佛学上是很重要的。研究佛学应先学习《俱舍论》，对于全部教理才有头绪和基础，才能明白信解行证的程序和入门的方法。这在平常说为学佛修行，了生死断烦恼。《俱舍论》中根据阿含经和律及有部诸论，说得最有条理。学习佛学，若不研究此论，而开始便研究大乘，就是没有基础，因为大乘教理是根据小乘而建立的。凡在小乘经论中详说者，大乘经论中多略而不说。小乘三藏的精义，又都含摄于此论。这部论不但说明了佛法，并且说明了印度一般的宗教哲学，故此论在印度称为聪明论。中国自梁陈时，真谛在公元五四八年来华[④]，译《俱舍论》，研究毗昙者，得一指南。迄唐时玄奘译《新论》，研究者极盛一时，著作亦多。有名者为《普光记》《法宝疏》《圆晖颂疏》等。后因崇尚大乘及注疏失传，也就无人研究了。

这里应该知道，唯识学与俱舍学的关系，如血肉与骨骼。今略谈两点：第一，俱舍法相是唯识所依。唯识学中所说明的一切法相，均在俱舍中详说，如七十五法和修证断行位等一切法相名数,《俱舍论》做了肯定的解释之后,《唯识论》均从略。《唯识二十论》和《三十论》的作者是世亲；《俱舍论》的作者也是世亲。他先学小乘三藏而作《俱舍论》，后来知小乘的学理不究竟，遂进一步研究大乘佛法，造《唯识论》。俱舍是五位七十五法，唯识说五位百法。是于小乘法相之外多加了二十五法，组织的大纲还是一样的，只是彰显此唯识法相的真理罢了。所以研究佛学的人，应先研究俱舍，后研究唯识。第二，俱舍学理唯识所破。《俱舍论》中所说学理，多是一切有部和经部的学理——见解。如说三世实有，法有我无，三科皆实，中有身等，都为唯识批评。《成唯识论》初卷批评小乘者，就是批评其不圆满不究竟之处。盖根据唯识理论,《俱舍》所说实有错误。故不研究《俱舍论》，则不知唯识所破为何。俗云:“知己知彼，百战百胜。”此亦如是，故研究唯识学者，必先探究《俱舍论》义。

二、唯识学与成实学：《成实》也是论名，作者为中印度之诃梨跋摩。内容是谈空的，但与三论说缘起性空不同。相传这是经部的论著，所明空理是小乘的偏空义。此论在姚秦时由罗什译出后，讲习者甚众。[5]所以一时颇为学者所宗尚，遂成了一学派，注疏见于经录者有二十四种之多，可知其盛。[6]故在佛学上可见其重要性。

此论自罗什译出后，有人判为大乘，有人判为小乘，史传之中，争论颇多。在“智𫖮、吉藏以前的学者，皆以《成实论》为大乘论，至少亦自僧柔、慧次至梁三大法师，无以之为小乘者。故三论学者，目此等《成实》学者为成论大乘师。然至吉藏（三论学者）于《三论玄义》中，以十义证《成实》为小乘，智𫖮、慧远亦以之为小乘。自是遂判定为小乘论”[7]。因为三论学者所批评，既无著述又属小乘，所以后世就无人研究了。

《成实论》的空，在《成唯识论》的观点，也是偏空，非究竟空，非中道。此宗与唯识关系较少，但《成实论》中所说二谛的有无、生灭、一异等中道理趣，也可与唯识论的三性二谛等教义，互相发明。如智藏《成实论疏》云：“二谛中道，云何谈物耶？以诸法起者，未契法性也。既未契故有，则此有是妄有，以其空故是俗也。”（见《黄史》）这与唯识依他起性“虚妄分别有”的思想很相近。虚妄体即无相，即是遍计执性。“无相即真也”，亦即是唯识的圆成实性。又云：“真俗一中道也。真谛无相，故非有非无，真谛中道也，俗谛是因假，即因非即果，故非有；非不作果，故非无。此非有非无，俗谛中道也。”这真谛中道与唯识三性中道，理上无别。

三、唯识学与禅宗：禅宗是中国佛学的骨髓，所以虚大师说：“中国佛学之特质在禅。”[8]中国之禅学，始于汉之安世高，到了晋宋间，罗什与菩提流支译禅要等书，此法渐盛。盖佛法本是重视行证，不是偏取学理的，修证之中，当以禅法为第一功夫。禅法就是三增上学中的增上心学，居三学之中，握其修证之心核，故西域僧来，无不授禅法者。在刘宋时（约公元四七〇—四七五年），南印度菩提达摩来中国。自他来传授禅学以后，中国禅学上发生了一个变化。[9]在达摩以前，禅宗没有正统的传承建立，自他以后，才有传承的历史建立，同时在用功的方法上也有了规定。他在中原少林寺，住了九年，一方面独自修证，一方面传授学徒，所以达摩为中国禅宗的初祖。我们更要知道，达摩以前的禅法，是有经教的；在六祖以后的禅宗，大都不据经教，不立文字，单单去参一个话头或一个公案，直指自心，自悟本性，称为见性成佛的教外别传，或说超教顿悟禅，或说是祖师禅。盖文学是葛藤，经教是烂草鞋，都是直悟本性的障碍物。到了六祖第二代弟子（马祖）以后，禅学又成了超佛越祖的佛，也就是中国禅学的精神，到达登峰造极的境界。

以经教为据的达摩，他所带来的是一部四卷的《楞伽》。(《楞伽经》有四译：一北凉时昙无谶译四卷；二刘宋时求那跋陀罗译四卷；三北魏时菩提流支译十卷；四唐实叉难陀译七卷。达摩所传，盖是第二译。）此经是禅宗所宗的第一部经，是禅宗印心的典据，行者参悟的见地正确与否，要以与此经的教理相合与否为定准。所以从初祖达摩，一直到五祖弘忍，都是传承《楞伽经》的。当时此经在北方（长江以北）极为盛行，有楞伽宗的建立。如《僧传》云："初祖达摩禅师，以四卷《楞伽》授可曰：我观汉地，唯有此经，仁者依行，自得度也。"又可每说法竟，曰："此经四世之后，变成名相，一何可悲！"又在《法冲传》中可以见到《楞伽》传承的师资。因为法冲禅师在北方弘法，是专以《楞伽》命家的。楞伽宗又名南天一乘宗。如传中云："冲以《楞伽》奥典，沉沦日久，所在追访，无惮险夷，会可师后裔，盛习此经，（冲）即依师学，屡击大节，（其师）便舍徒众，任冲转教，即相续讲三十余遍。又遇可师亲教授者，依南天竺一乘宗，讲之又得百遍。"[10]所以称为南天一乘宗者，一以此经来自南印度，佛在南印度楞伽山说此经。如经云："我为彼众生，破坏诸烦恼，知其根优劣，为彼说度门。非烦恼根异，而有种种法，虽说一乘法，是则为大乘。"在唐净觉禅师的《楞伽师资记》和《法冲传》里有讲到这些话的。《楞伽》的传法直传到五祖，五祖传神秀，还是传的《楞伽经》。但他传法惠能时，却不传《楞伽》而改传《金刚经》了。为什么五祖不传《楞伽》而改传《金刚》呢？这中间有个显著的理由，便是六祖未到东山学法之前，一日听人诵《金刚经》有所契悟。到了黄梅，他自己用的功夫，还是以《金刚经》为本，弘忍并未教授他《楞伽》心要。故五祖即以其所悟而心传法，这是随机说教吧！在五祖以下与六祖同时学法的那位神秀首座，资格本高于惠能，但其所悟是渐非顿，是《楞伽》的境界。并非他不及六祖顿悟深刻，他当然了知那顿悟的理，也许他是已经顿悟过了，尔时（当其与惠能共住时）他是重在事修，如此就比六祖的功夫又进一层了。后来神秀弘化北方，以《楞伽经》为心要，成了“两京法王，三帝国师”。他的门下，普寂、义福、玄赜等，又“继续领众，受宫廷与全国的尊崇”。就因为这个缘故，天下禅人就纷纷地自附“东山法门”了[11]，尊神秀为第六祖，普寂为第七祖。而南方的惠能，以《金刚》无相为顿悟之门，阐扬心要，大江以南，无不归宗。弟子神会，到北方大事弘扬，在某一个无遮大会中，神会大肆攻击普寂所传的法统，说他们是非法的，不是正宗，而坚称衣法在韶州。当时神秀已死，门徒普寂垂老，楞伽宗匠不若神会之势力浩大，楞伽心宗终于渐渐地隐没了。而《金刚经》之弘扬，就渐渐地遍及全国。故此时的禅宗经教，《楞伽》为《金刚》代替了。惠能得神会之力，也就正式成为第六代祖师了。《楞伽》的法统就变为《金刚经》法统，以迄于今。依宗《楞伽》的禅人看来，惠能的法统是篡位的法统。

为什么有这种变化呢？这是佛学上思想的转变，很值得研究。因为《楞伽》与《金刚》含义不同，此不同点可以在某一个时期寻到根据的。兹就两经的内容说：《楞伽经》偏讲法相唯识，《金刚经》偏说无相性空，这和禅宗讲明心见性的宗义相契合。《楞伽》的全部大意，虽然也明法性真如，离四句绝百非，可是偏重在讲明“五法三自性，八识二无我”。这一点就显示了《楞伽经》是重在于法相方面，由法相而进入法性，是渐非顿，为《楞伽》的宗旨[12]。讲到法性的《金刚经》，正是禅宗的目标。法相重在分析，一样一样地从烦琐中得到条理，中国有名的学者胡适之说：“中国唯识学是一部烦琐的哲学。”唯其尽分析的能事，才能明心见性。由此，《金刚经》从缘起性空以明法性（真如），和从缘生的法相上着手以明心相是不同的。法性是非言说，也非思议所及的。故祖师禅，宗在修证，一心参究，将来总有开悟的一天，所以当时的禅客们，不乐意学那烦琐的《楞伽》法相，而喜爱简单直接的《金刚》法性。理之参究，识取本心，方可证得本性。这就是《金刚经》代替《楞伽经》的主因。

前面是禅宗的历史发展与变化。从一般说来，惠能以后，禅宗是不立文字，不必研究三藏教理的，只需作禅观看话头便了。可是实际上不是如此简单。这里再依两方面说：

（一）依理：禅宗最重视的即是“明心见性，见性成佛”。其明心者，心即是唯识所说的八识心、心所法，及其所变的一切法相。明心要了解这一切心法和心所变现的境界。见性的性，即是唯识实性，也就是真如。在禅宗是见性成佛，在唯识则悟入唯识实性，即可成佛。佛学上若不明心，则不能见性，故欲见性，必先明心。所谓“若识自本心，见自本性，即名丈夫、天人师、佛”[13]。唯识上若不见圆成实性，则不能了知依他如幻，是一个逻辑。故唯识是以明唯识相、证唯识性而为目的，所以不明唯识相，则不能悟入唯识性，不悟唯识性则不能成佛。其理是一致的，唯其修学的方法则有不同了。

（二）依教：（1）达摩的教义，依《续高僧传》，记达摩教义的总纲云：“如是安心，谓观壁也，如是发行，谓四法也。如是顺物，教护讥嫌。如是方便，教令不着。然则入教多途，要惟二种，谓理行也。”理就是明理，行就是起行。如云：“借教悟宗，深信含生同一真性，客尘障故。令舍伪归真，凝住壁观，无自无他，凡圣等一，坚住不移，不随他教。与道冥符，寂然无为，名理入也。行入者，四行万行同摄：初报怨行……二随缘行……三名无所求行……四名称法行，即性净之理也。”[14]这与唯识五重观中的遣相证性是一样的。（2）《楞伽经》的“五法三自性，八识二无我”是唯识学上有系统的几个原理。且《楞伽经》既是禅宗最初的经教，亦是唯识所依六经之一。故唯识与此经的关系至为密切（如天台宗之《法华》、贤首宗之《华严》）。（3）自惠能以后，以《金刚经》印心，《金刚》所明的只是法性，是五法中的如如、三性中的圆成实性和二无我性。所说应无所住，就是实无所得，盖与法性是相同的。（4）六祖说的《坛经》，为后来禅宗的根本教典。不过后来呵佛骂祖的禅人，把《坛经》也抛弃了，说禅宗不讲教理，不立文字。在证悟的境界上原是如此的，可是此一说，就瞎尽了千年来天下禅客们的眼睛！《坛经》云：“大圆镜智性清净，平等性智心无病，妙观察智见非功，成所作智同圆镜。五八六七果因转，但用名言无实性，若于转处不留情，繁兴永处那伽定。”这颂中前六句正说八识转智，后两句是禅语。又云：“如上转八识为智也。”教中云：“转前五识为成所作智，转第六识为妙观察智，转第七识为平等性智，转第八识为大圆镜智。虽六七因中转，五八果上转，但转其名，不转其体也。”（见《六祖坛经》）此中转识成智，就是明心见性的功夫。此外又说三身的道理，不必具引。如此，谁说禅宗不立文字？不重教义？由此可知唯识学与禅宗的一般关系。

四、唯识学与净土宗：这一宗在中国民间信仰上有着很大的势力，自始迄今弘传不息。远在晋朝时已形成宗派，最明显的例子，慧远（公元三三四—四一六年）在庐山开结莲社，这可说是中国净土宗的起点。远公因世乱由襄阳别道安，带徒众避居庐山，遂为南朝佛学的重镇。远公不仅在佛教中有地位，他的道德文章在当时的学术界里也是享有盛名的。在庐山一面自己研究经教，特别提倡毗昙之学[15]，通达小乘三藏与般若。另一方面他提倡念佛，和当时的高贤隐士刘遗民等，出家者普济法师等十八人结社念佛，即所谓庐山十八贤，专门阐扬念佛禅。净土宗成立了以后，又由罗什法师译《阿弥陀经》。净土之行，更为兴盛。

净土宗与禅宗在赵宋时，互相排斥，水火不容，参禅的不许念佛，念佛的也不许参禅。如禅宗有“若念一句佛，罚挑水洗禅堂”和“念佛一句，漱口三日”的禅规。可见禅净不相融和的严重情形了。当时永明寿禅师提倡“禅净双修”，才把净土打入禅宗的门庭，他主张念佛的人要参禅，参禅的人也要念佛。因为永明寿是那时最有声望的，所以他一提倡，门人信徒从者极众。[16]他自己是个禅者，也恳切地实行念佛。并作禅净双修的《四料简》，其中最有名的二句是：“有禅有净土，犹如戴角虎。”[17]修行者能禅净双修，就如老虎头上有双角，更可增强自己的解脱信念。因他这一提倡，一直到今天，禅净是双修

的；也就是说从他起，中国的禅宗又起了一种变化。（参看⑯）

学念佛的人依弥陀净土说：应读净土三经，及阅读关于净土宗的各种论著。净土宗以信愿行为本，以持名念佛为简易行的要诀。友人吴延环尝问曰：“信仰在此娑婆世界以外，有个极乐世界存在，那里有阿弥陀佛。这样岂不是心外有法，与唯识相反吗？”又曰：“念佛的人，决定信仰有个我在念佛，我能生西方，岂不是有我执吗？”答曰：“此宗有唯心净土义。”古人说：“生则决定生，去则实不去。”弥陀即自性弥陀，极乐国土也不离心。又《无量寿佛经》说：极乐国土是阿弥陀佛的四十八愿所造成的。此中的愿心即是心，由愿所成，即是唯心所造。西方净土是西方净土中的人们所共造的，不离于心，故不相反。又念佛人须知，阿弥陀佛发四十八愿，依愿修行而成极乐净土。那么西方净土即是佛与菩萨等之清净八识所变现。念佛求生的人，必须有信愿行，就是说也须有与四十八愿相契合的信愿行之心力，才能往生享受弥陀净土的快乐，不能单靠弥陀力而自己去享受现成的。念佛人亦必须通达大小乘一切教义，如《华严》之普贤、《楞严》之大势至等大菩萨众，都回向净土。中国各大宗师，发愿往生者，都是深明教义，了悟无我，远离执障才往生的。其说有我者，乃是随情假说，非执着实我，所以无不合之处。又《观无量寿经》(《十六观经》)，行者须修十六观，观成功时，极乐世界，现在目前，命终往生。十六观的观想，也就是心的力量呀！因此，说一切唯心义，唯心即是唯识。故净土弥陀非心有法，唯识义成。又往生净土，净土不一定指西方极乐净土，十方佛土皆曰净土。唯识学中说佛有三身三土，亦是净土。又如东方之药师佛净土与兜率之弥勒净土都是。古今学唯识教发大乘心的人，都发愿上生内院，而再随弥勒下生。故净土之义，亦唯识所宗。

五、唯识学与律宗：照佛法看，戒律不应另立宗派，因为不论学禅、学净、学教，不论僧俗，凡是皈依佛法的信徒，都应了解戒律，守持戒律，戒律是做人及做超人的道路，是建立佛法的根本大典，绝不应偏废，应该普遍遵行。但在唐朝时，终南山道宣律师以持律著称，道德文章，可动天地，感鬼神者[18]，他精究律学——《四分律》藏，才正式建立律宗，这可以说是中国佛教史上的一大成就。其实，弘扬《四分律》者，始于智首律师。与道宣同时的弘扬者，还有相部法励与东塔怀素二师，故称唐律三家。三家中唯南山律弘传不息，盖有它的特别因由[19]。道宣著作律宗的典籍，有五大部[20]，研究非常精细，且有特别之点："一因此师建立化制二教故（又名化行二教）。谓化教者，经论所诠定慧法门，四阿含等大小乘经论是也。制教者，律教所诠戒学法门，四分律等大小乘律教是也。今此宗部即律藏教，以戒为宗，戒行清白，定慧自立，故先持戒制禁业非，然后定慧伏断烦恼。为道制戒，本非世福，三乘圣道，唯戒为基，能判摄如来一代遗教故也。二因此师融通大小乘故。四分一律，慧光云是大乘；法砺、玄恽云是小乘；南山律师独云义通大乘。《业疏》中立五义分通……”（参看⑲）又如他在疏中说：受戒时要得戒体，得了戒体，才能增长善法，修习定慧。但此戒体非耳闻目睹，究竟这戒体是什么呢？依小乘《成实论》说：戒体是非色非心法。依有部论说：此戒体属无表色，即是唯识论所说十一色中的受所引色，因为它是无可表示的，是受戒所引发的，不是眼所见耳所闻的。只是受戒时，经大德僧众白四羯磨以后，心中所得的一种深刻的印象。有了此印象，对自己有一种思量，能持戒不犯，这就是戒体。犯则戒体破坏，有此可破坏义，故成色法，不可见闻，无表示故，曰无表色戒体。道宣律师依大乘唯识学上阿赖耶识有受熏持种之义，谓此受所引色的戒体，即是第八阿赖耶识中所摄藏之真净种子。由此渐次熏习，去恶行善，就能引生无漏种现。这戒体义就是唯识的种子义，其义甚深。所以此宗与唯识学有如此的关系，同时也因此而成为一个大乘宗派了。

六、唯识学与天台宗：天台是山名，因隋智者大师住天台山，弘扬慧思禅师的教义，并建教观，遂立学派，因住天台山故，名曰天台宗；以此宗明性具三千之理，又名性具宗。此宗北齐慧文与后魏南岳慧思开其端。智者，慧思弟子，是此宗集大成的人，他的教法，根据《法华》《涅槃》二经及《大智度论》。宋伊人大师说："一家教门所用义旨，以《法华》为宗骨，以《智论》为指南，以《大经》(《大涅槃》）为扶疏，以《大品》(《大品般若经》）为观法，引诸经以增信，引诸论以助成，观心为经，诸法为纬，织成部帙，不与他同。"[21]这几句话说明了天台宗的总纲，与其他宗派的不同点，而又有着共依性的存在。《法华经》只是做了一宗的骨干。

（一）判教中的唯识地位：此宗以五时八教批判整个佛法。今就其关系者略为一谈，首谈化法四教。化法四教者，谓藏、通、别、圆。一藏教：又名三藏教，藏教的行果建立，是根据《俱舍论·贤圣品》，因为藏教讲小乘法，如阿含经说声闻、缘觉果；又《俱舍论·贤圣品》所讲的行果断证位次，法相唯识之五位，虽行果不同，可是取其名位；又见道中缘安立谛十六心等境相，亦依此建立，所谓四向四果等法门。二通教："通者同也，三乘同禀故，此教明因缘即空无生四真谛理，是摩诃衍之初门。正为菩萨，旁通二乘。"[22]因此通教是通于三乘的共教。或通益三乘人等，如阿含、般若菩萨行，皆在通教中摄。三别教：为不共二乘的教，如云："别即不共，不共二乘人说故。""此教正明因缘假名，无量四真谛理。"只就菩萨乘言，在修行的位次上，明十信、十住、十行、十回向、十地、等觉、妙觉的五十二位。声闻在座，如聋若盲。这些位次根据唯识所依的《华严经》而来。四圆教：圆以不偏为义，为天台宗的最高教理，"正明不思议因缘，二谛中道，事理具足，不偏不别，但化最上利根之人"[23]。如经说："一切众生皆有佛性，生佛不二，染净圆融。"就是性具圆融的道理。唯识教依《深密》三时判与此宗通教相当，以通摄三乘之说。《解深密经》云：此经普为发趣一切乘者说故。禅宗也是别教所收。《华严》兼别明圆，《法华》则系纯圆教摄。

（二）三观三谛与唯识三性二谛：天台特有之学理，为一心三观，谓随动一念或随心缘一法，都不离当念之心。一心即具三观。三观者，谓空、假、中三是。在每一法上都可运用这三观来观察。只要起一念心，即具此三观，《中论》云："因缘所生法，我说即是空，亦名为假名，亦名中道义。"[24]这是天台一心三观的思想渊源。三观普通说来，就是三种认识，在每一法上都有空、假、中的三种认识。从所观的法上说，每一法具有三谛——"俗""真""中"。因观空故即是真谛，观假故即是俗谛，观空假不二，真俗双圆的诸法实相，即是中谛。这些都重在客观的立场，方能显出中道真义来的。

上面的三观与三谛，若与唯识配合起来，是可以相通的。以表示之：

三性	遍计执性	空观	真谛	三谛
	依他起性	假观	俗谛	
	圆成实性	中观	中谛	

在真谛一面说，遍计所执是空无的，应观其空。在俗谛一面说，依他起性是缘生法，应观其假有。在真假不二的立场上说，是诸法实相的圆成实性，应观其中道。能看通此理，即能圆融无碍。

（三）一念三千与万法唯识：一念就是一念之心，或吾人所起之一种意识。天台宗谓在一念心中，可以具有三千诸法，三千诸法不离此一心。三千者，即十法界（四圣六凡）中，每一法界具有其他的九界，就成为"百界"。又每界各有十"如是"，就是：如是相、如是性、如是体、如是力、如是作、如是因、如是缘、如是果、如是报、如是本末究竟等。这样就成为"千如"了。这千如又分正报、依报、五蕴各一千，是为三千。此三千百界诸法即俱在一念心中有。这种道理，与万法唯识的道理就是同唱一调。《华严经》云："若人欲了知，三世一切佛，应观法界性，一切唯心造。"盖天台、唯识两家之心唯一心耳。

（四）性具与赖耶缘起：天台讲性具法门，一念三千、一心三观、一法三谛，都不离性。性即体性，一切诸法性体本具，曰性具。此与唯识说一切法种子本有，义似相近。如性具释为如来藏缘起，则与唯识赖耶缘起颇相近。种子摄在阿赖耶识之中，故与诸法性具之理，可以沟通。真如如来藏为迷悟依，迷则为生死，悟则证涅槃。阿赖耶识亦为流转与还灭的熏习点，无始以来，即藏有诸法的染净种子故。染熏则成为烦恼生死的流转，净熏则成为菩提涅槃的还灭。天台以性具说，唯识以种子说。天台之真如即唯识实性，相去并无毫发之差。

（五）六即与唯识位：天台宗除了四教的行位之系统外，别说六即，就是从凡夫至佛果的阶位，是都约修证的阶位说的。此与唯识行果的五位是相同的。一“理即”位与二“名字即”位，即唯识之自性涅槃，亦即本具种性之凡夫。三“观行即”位，就是资粮位。四“相似即”位，即是加行位。五“分证即”位，就是通达位和修习位，十地分证故。六“究竟即”位，就是究竟位，证二转依果，一切圆满故。

七、唯识学与贤首宗：贤首宗又名华严宗。前者以人得名，后者以经得名。贤首大师原名法藏，与玄奘为同时人。此宗由杜顺、智俨开创之，贤首完成之。故世人称曰贤首宗，以宗纪念之。后有清凉澄观大师，发扬贤首的思想，并作《华严疏钞》，所以也名清凉宗。

此宗以五教判一代佛教，谓小、始、终、顿、圆。一小教：是讲小乘阿含的，等于天台的藏教。二始教：

又名分教，摄唯识般若。“以《深密》第二、第三时教，同许定性二乘，俱不成佛，故今合之总为一教。此即未尽大乘之理，故立为初。有不成佛，故名为分。”此有空始，就是般若教，相始就是法相教。三终教：也名实教，摄《楞伽》《密严》等经。“定性二乘，无性阐提，悉当成佛，方尽大乘至极之说，故立为终。以称实理，故名为实。”四顿教：“一念不生，即名为佛。”言说顿绝，理性顿显，不依位次，故名曰顿，可摄禅宗。五圆教：“明一位即一切位，一切位即一位。”摄《华严》，“依普贤法界，帝网重重，主伴具足，故名圆教”[25]。

这里应该知道，贤首大师所立的十宗，即取材于唯识教义。下面一个表看过便知。

（一）贤首十宗唯识八宗：

贤首十宗	唯识八宗
一我法俱有宗	我法俱有宗
二法有我无宗	法有我无宗
三法无去来宗	法无去来宗
四现通假实宗	现通假实宗
五俗妄真实宗	俗妄真实宗
六诸法但名宗	诸法但名宗
七一切皆空宗	胜义俱空宗
八真德不空宗 九相想俱绝宗 十圆明具德宗	应理圆实宗

八宗十宗的建立，是批判佛学的又一方法。就各所宗尚一特点立论者，十宗之义，不暇诠释。

贤首大师因为与玄奘、窥基同时，先本参于玄奘译场为证义，因意见不合而退出，遂专弘《华严》。他不但对《华严》教义，远承杜顺、智俨之说，光大发挥，对于唯识也很有认识。本来唯识家判印度一代佛教唯八宗，贤首依之把唯识第八宗衍化而成三宗，遂成十宗。其义理之解释，可阅《华严一乘教义章》。

（二）贤首学者多习唯识：贤首宗的《五教仪》与《天台四教仪》，皆为中国佛学之精华。天台家历代学者，多凭借教义，依据《法华》《智论》《般若》，所以很少谈法相名类。贤首宗之学者，自法藏以下而迄近代，无不探究法相唯识。我们试读贤首以下各祖各大德之著述，都广谈法相之理，井而有条。因此，天台是近于法性般若，贤首学近于法相唯识了。

此外《华严经》，亦即唯识所宗六经之一。此经说："三界唯心所作。"又说："心如工画师，画种种世间。"这些都是唯识要义。又唯识之菩萨行，是依《华严·十地品》（或《十地论》）而建立。又天台有性具法门，贤首依《华严·性起品》"唯一法界性起心，亦具十德"之义，立性起法门（十玄缘起或法界缘起），此皆与唯识缘起法相之理相通。《清凉疏钞》说："大哉真界，万法资始。"

真界即是法界，在这法界的诸法类中，只有从内心上去认识体会。

（三）贤首之唯识学：贤首在他的著述中，依据《瑜伽》、《杂集》、《深密》、梁《摄论》等大谈唯识。如他在《一乘教义章》第九明诸教所诠差别的十门中：一所依的心识，依《解深密经》等，说八识及赖耶熏习义；二种性差别义，依《显扬》、《瑜伽》、梁《摄论》等，谈本有，谈习所成种，谈五种种性；三行位差别，依梁《摄论》、《瑜伽》等，而为抉择……六断惑分齐义，依《俱舍》《瑜伽》《杂集》，而为论证……总之十门之义，所有论义，都是引据瑜伽、唯识诸论。不能广述，学者可以自去探究，真是妙义重重。

八、唯识学与三论宗：三论宗亦名四论宗，又名破相宗，相即法相，破相就是破除对于法相上之执着；又破相就是对法相唯识教的不了义处加以批判的意思。三论是依诸部般若经中的“无所得”“缘起性空”而立宗的，不立一法，有无俱破，直显缘起中道。因为此宗明缘起即性空，性空即中道，中道即般若之义。般若者无分别慧，也名无所得智。观行者要以无分别慧，现观无分法性，故虚大师名法性空慧宗。此宗所说教理，与唯识所说，因立场不同，观点各异，所以各有其异处。如二谛中道之说，以立场不同，各是其是，各非其非。然亦有其相通之处，以缘起即性空之中道义，与唯识所显远离二边之中道义，亦有差别。俟下述之，今先说本宗教义：

三论宗义：

（一）判摄佛法：可分三点：一根本法轮，宗尚《华严》；二枝末法轮，讲《阿含》《般若》；三摄末归本法轮，说《法华经》[26]。唯识、般若同摄在枝末法轮中，而发挥《深密》《楞伽》与般若的深义。

（二）破邪显正：本宗宗旨，在“破邪显正”。在破邪的一面说：一破外道执实我实法，如《百论》即是正破外道，执有天神等，傍破小乘；二破小乘所执的实有我法，特别对有部与唯识大乘所执的实法，如《中论》就是正破小乘，傍破外道；三破《成实论》的偏空执，《成实》之空，不若三论之空偏圆，故曰偏空。由破邪即是显正，这是三论宗的要旨。所以在显正的一面说，也分三点：

（1）无所得义：全部般若经的义理，归纳起来，就是无所得义。“无所得”即不立一法，在佛学上特别在法性空慧学上，若有所得，即是不究竟。因此，《般若经》说：无得正观。观就是观察或认识。因以般若智，观法空无自性可得，才是正确的知识，故曰无得正观。以无得的正观，对佛教非佛教的执见，才可加以批评和判断。又无得正观，就是根本智，亲证二空真如，能所双亡的境界。又以无得的正观故，可以证得菩提，可以现观真如实相。故《心经》云："以无所得故，菩提萨埵，依般若波罗蜜多故，心无罣碍。无罣碍故，无有恐怖，远离颠倒梦想，究竟涅槃。三世诸佛依般若波罗蜜多故，得阿耨多罗三藐三菩提。"广如《大般若经》中说。

（2）缘起性空义：《般若经》特别说明"无所得"义，为什么无所得呢？缘起性空故。所以这缘起性空是无所得的一个注脚。龙树的三论大意，是特别明性空，故用缘起性空来解释这般若中的"无所得"义。如《中论》的颂云："因缘所生法，我说即是无。""无"就是无所得。因缘即条件或关系，在某种关系之下，才可以产生某种物品。宇宙万有，众生法佛法，皆由因缘而生，故缘生也就是现象界。既是缘生，就无自性，无自性谓之空，空即无所得。无所得即缘生，缘起即是性空，性空即是中道，中道即是般若正观，般若正观即是无自性的缘起。这就是般若三论的甚深空义[27]，亦是说明三论的特点。

（3）俗有真空义：就二谛说：从俗谛上说有，从胜义谛上说空，世俗与胜义是相依而显的。如《中论》云："诸佛依二谛，为众生说法：一以世俗谛，二第一义谛。若人不能知，分别于二谛，则于深佛法，不知真实义。"又说："若不依俗谛，不得第一义，不得第一义，则不得涅槃。”三论宗说空，对世间的有并不否定。有人说：佛教说空，便什么都空掉的。其实，这是错误的。须知世间的一切在常识上的看法，都是存在的，存在就是事实；三论般若也不否定事实。若是在超常识的道理上或实证的真如理上（第一真谛）推求，就不能说不是空了。依哲学说：世俗为形而下的有，胜义是形而上的空，这完全是两个不同的观点。若就事物的本身说：缘起性空是活动义，是转变义，不是死板的空。所以《中论颂》说：“以有空义故，一切法得成。”若是无空义者，则一切法不成。又说：“因缘所生法，我说即是空；亦为是假名，亦是中道义。未曾有一法，不从因缘生，是故一切法，无不是空者。”此中空、中道，都是第一义谛，是理性。因缘所生法、假名，都是世俗谛，是现实。二者是一法的两面，不可分离，故云“色即是空，空即是色，色不异空，空不异色”，万不能偏执一面。三论的空义，建立在有的因缘法上，离开了因缘的有，则空义无从说起。这在上面的几个颂中，说得很明白的。

三论与唯识：

依般若的无所得理上来谈唯识，在唯识与三论的两个立场上，是共通的。唯识所破的对象，是能所二取的无所得，没有主观的我（能取），也没有客观的法（所取）；而三论也是破此二取，显无所得的空理；它们所破的目标是一个。不过两宗的差别点是：唯识破后有物可指的，谓二取所依的虚妄分别识体（依他起性）是有；三论破后无物存在，即依他起性也是空的。这是二家的争论点。又“正智与如如”：正智即无分别智，此智在唯识方面是有的（亲证真如时，此智即现前）；真如即如如（又真如是无分别，能证智亦无分别，平等无二，故曰如如）。这二者是离言第一义谛，在唯识说是妙有是实有；三论则说空。三论虽然说第一义谛是空，但毕竟建立第一义谛，也可以说它不碍缘起有。我们由前面的理论，得到如下的几个概念：

（一）在相反的关系说：性与相、空与有，都是对立的。唯识三论因此而成对立。

（二）在相成的关系说：三论所破的，也是唯识所破的；三论所显的真谛性空，就是唯识的无分别智所证的，二空所显的。

（三）在《般若经》中广说法相，以显法性；又弥勒系的法相学者，也释般若。因此，可以说二派是相成的，不过观点不同而已。

我们从相反相成的道理上看出：三论的宗旨在破执，故注意方法论；唯识也是如此的，故多用因明。如《唯识颂》曰：“以有所得故，非实住唯识。”《论》曰：“若执实有唯识性者，亦是法执。”假若心中存着有所得，那是一种执着。能以无分别心证真如，虽有唯识实性可得，这个唯识实性，也是假名，也等于三论第一义谛。依他起自性，等于三论的世俗有。故唯识之二空，即三论之性空。虽说这二空所显的真如是有（与性空不同），但毕竟是理性。

依缘起性空的道理说：《金刚经》说："不取于相，如如不动。何以故？一切有为法，如梦幻泡影，如露亦如电，应作如是观。"菩萨修般若行时，要"不取法相，不取非法相"，就是现观真谛。在缘生境界上，是如幻而有；"应作如是观"，是说明不可观世俗（依他起）也是空。法相非法相，也可以二谛释之，不取着二谛，才能彻底证真俗不二之境，两宗相同。由俗证真，这又是各宗修行的共通点。

《成唯识论》说："无分别智证真如已，后得智中，方能了达依他起性，如幻事等。……不如实知众缘所引自心心所虚妄变现，犹如幻事、阳焰、梦境、镜像、光影、谷响、水月，变化所成，非有似有。"此与前面所引《金刚经》说"一切有为法，如梦幻泡影"是相同的。真谛是一面，俗谛是一面。"不取于相，如如不动"，就是无分别智证真如的境界。在俗谛上二宗观有为缘生法如幻，是相同的；在真谛上所证，还是相同的。所不同的是后来各论师释义相去太远了。再从两宗的两位论师的理论看：

清辨的《掌珍论》说："真性有为空，缘生故如幻，无为无起灭，不实如空华。"㉘

护法《大乘广百论释论》云："诸有为法，从缘生故，犹如幻事，非实有体。诸无为法，亦非实有，以无生故，譬似龟毛。"㉙

这两段文字，除清辨以空的立场，用"真性"简别外，他们的理论是一样的。又三论也明唯心唯识之理：因般若之思想，最后明一心，即自性清净心，后来法华、华严等大乘思想，多明此意。《大智度论》第二十九卷云："三界皆心所作。"《大乘二十颂论》云："心如工画师，自画夜叉像，画已而恐怖。"此与《华严》心如工画师之喻，同明唯识之理。

九、唯识学与密宗：密宗又名真言宗，真言即真实之语，现在则以咒语相传。此宗重心在秘密中修行，曰密宗。前说诸宗曰显教，此曰密教。依密宗学理看来，是包括显教的。密教传来虽久，但建立宗派，却在唐开元时。其时印度有善无畏、一行、金刚智、不空四人前后来中国，弘扬密宗。善无畏传慧果大师。当时金刚智、善无畏、不空，称为开元三大士。对本宗经典与仪轨之翻译和著述，前人莫及，可是在唐以后，也就绝传了。唐人的注疏仪轨秘本，都失传于日本；宋时虽亦传译，于宗义上没有什么建立。本宗要典有《大日经》《金刚顶经》《苏悉地经》三部。

密宗的要义，有数点可述：

（一）教相与事相：教相者即教理，学密宗首先学教理，所以日本密宗之传授，先教学者习唯识三论的教理，然后传授密宗事相。这和西藏学密宗者先考格西后入密乘院[30]是一样的。事相者即仪轨，也可说是象征的佛法。密宗一切做法事相，都是象征的，即是代表另一东西。如金刚杵、曼陀罗（代表众生界或佛界），这都是象征物，另含有一种密意存在于内，所以密宗需要上师亲口传授。有人说密宗高于显教，其实是一样的，总需修证。密宗与唯识有什么关系呢？事相唯心变：事相完全属于唯心的，一切事相的表法，可说都是心识所变的。譬如曼陀罗就是靠着心力的作用，将一个小小的圆铜盘，观成一个世界，将一个小三角杯，观作三士道。又《蒙山》文开头就说："若人欲了知，三世一切佛，应观法界性，一切唯心造。"若不知此意，则蒙山的七粒米有什么用处！所以密宗一切做法，都是如此。

（二）六大缘起与色心：《楞严经》讲七大缘起，此宗讲六大缘起，谓地、水、火、风、空、识。佛法众生法，一切的事相，通以六大为缘起，六大中前五属色法，后一属心法，故六大缘起，亦即是色心缘起。唯识讲赖耶缘起，以一心体，起见相二分。就其转变的作用说，色由识心而变，色能生心，所以互为缘起。

（三）三密观与三业：三密谓身、口、意三，这就是主义。身密重在结手印，如修阿弥陀佛为本尊，结弥陀印，是象征着我的本身即是阿弥陀佛，毫不含糊。这和世俗做官一样，有何种印，自己就是何种官。口密就是念真言，象征着不是凡夫之言，乃是弥陀之语。意密是现种子字，如阿字代表阿弥陀佛的种子或佛性，象征着我的心就是阿弥陀佛之心。由这象征的方法，行者自己的三业即由这三种秘密象征，能与本尊的三业结合为一，而成就大法，这完全是一种假想观，是一种心力，都与唯识有密切的关系。

（四）两部曼陀罗：由日本传来的密宗，有两部曼陀罗（曼陀罗即圆的坛场。印度古来的寺庙，都叫作曼陀罗）：一金刚界曼陀罗。事相代表理相的佛智，在唯识上即代表四智菩提，也即是佛智，以金刚形容其坚固，能破障断烦恼，所以金刚界曼陀罗代表佛智。佛智以破执空故，可曰空如来藏，藏即界义。二胎藏界曼陀罗。此非代表佛，而是象征着众生本有的性德，在众生位所摄持的如来一切功德聚，因未显现，犹如胎藏，曰胎藏界。以此义故，为空如来藏。若不明白唯识和般若的道理，怎样也不知道密宗说些什么，玩弄什么。由此说来可得两个结论：一金刚界的教相，以三论般若为根本；二胎藏界的教相，以唯识法相为根本。关于密宗的判教方法，有十住心，不能详释，兹列一表，以示大意：

密宗十住心		
一异生羝羊心	凡夫	
二愚童持斋心	人乘	
三婴童无畏心	天乘	
四唯蕴无我心	小乘	
五拔业因种心	小乘	
六他缘大乘心	唯识	大乘
七觉心不生心	三论	大乘
八一道无为心	天台	大乘
九极无自性心	贤首	大乘
十秘密庄严心	密宗	大乘

在弘法大师《十住心论》中，以第十秘密庄严心为最高尚，天台、华严次之，余宗更次之。此不多述。

十、结论：以上略说各宗与唯识之关系。十宗之中，禅、净、律、密，是特重行持的，三论（包括《成实》）与唯识（包括《俱舍》）又是特重理论的，所余台、贤是行与理双重的。又十宗中净土、密宗，是全仗他力加持的，禅、律、三论、唯识是凭自力向上的，台、贤是仗自他力的。如表：

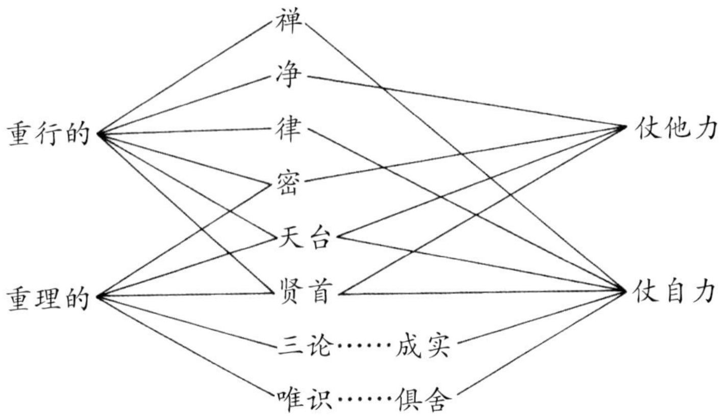

注释：

①明清之际，虽有讲唯识者，如明之灵峰蕅益，著《成唯识论心要》，清之绍觉、智素等，著《成唯识论音响补遗》等，但毕竟寥寥，且错误时出。

②元、明、清三朝，虽有西藏喇嘛教传来，但是，都在宫廷和统治者的蒙人、满人间流传，对广大汉人是没有影响的。

③欧阳渐在他的《俱舍光记·叙》中说："俱舍称学不称宗。"

④参《汤史》第二分第二十八章八五五页，真谛之年历。

⑤吉藏《三论玄义》云："昔罗什翻《成实论》竟，

命僧叡讲之。”

⑥见汤用彤《佛史》第十八章七二一页。

⑦见黄忏华《佛史》第十一节一二〇页。

⑧见《太虚大师全书》,《中国佛学》第二章第一节第十一页。

⑨同前书，第二节依教修心禅分安般禅、五门禅、念佛禅、实相禅，第三节悟心成佛禅，这即是达摩以后的禅。

⑩⑪均见胡适之《楞伽宗考》(《胡适论学近著》第一集上，一九八页)。

⑫《楞伽经》有“宗通说通”之义，宗通即见法性，说通即是明法相。

⑬见《坛经》。

⑭见《楞伽宗考》及《续高僧传》。

⑮见《汤史》第十一章，三六五页。

⑯《中国佛学》一九四页云：“在永明寿以前，中国佛教的禅宗，以演进到五家宗派的兴起为顶点；法眼为五家中最后创立的宗派，而永明寿为第三传，亦为法眼宗最后一人。因为从他透禅融教律而摄禅净归于修行，其门徒都归宗净土，致法眼宗失传。”

⑰永明寿《禅净四料简偈》云：“有禅无净土，十人九蹉路；阴境忽现前，瞥尔随他去。无禅有净土，万修

万人去；但得见弥陀，何愁不开悟？有禅有净土，犹如戴角虎；现世为人师，来生作佛祖。无禅无净土，铁床并铜柱；万劫与千生，没个人依怙。”

⑱传说道宣感天人送供（见《天人感通录》）。

⑲见《佛教各宗派源流》（见《太虚大师全书》八〇五页）。

⑳五大部：（一）《行事钞》三卷；（二）《戒疏》四卷；（三）《业疏》四卷；（四）《拾毗尼义钞》三卷；（五）《比丘尼钞》三卷。

㉑见《佛教各宗派源流》。

㉒见《天台四教仪》与《华严教义章》卷二。

㉓见《天台四教仪》与《华严疏钞》卷三，七十七页。

㉔见《中论颂》。

㉕此中谈五教所引诸文，为《华严疏钞》卷四。

㉖《佛教各宗派源流》。

㉗《十二门论》云：“大分深义，所谓空也。”

㉘《掌珍论》卷 ，一页。

㉙《广百论释》。

㉚法尊《现代西藏》。

第四章　从印度佛教史看唯识学

第一节　根本佛教与唯识学

一、序言：在佛学上谁都知道有“小乘”这个名称，这名称是大约到佛灭三百年以后，大乘佛教兴起之时才出现的，不然，在巴利文三藏和汉译阿含经，及有部论中，何以没有这个名称，更没有大乘的名称。大约在公元一世纪前后，大乘教学者，把原始的根本的佛教，称之曰小乘佛教，而自称大乘。这些大乘学者，历史上是“无名氏”，后来可以代表的是马鸣与龙树、无著，他们都是反声闻的。把阿含经教贬值，无论如何，并非佛意，就是三乘、五乘、一乘的名称，也是大乘教徒后来分别出来的。佛陀在世时，及他灭后三百年至四百年间，是没有什么“乘”的。虽然部派佛教时期分为二十部，也还是“饮水思源”“万法归一”，没有大、小、一、三等高低的划分与批判。所以这许多的分判，全是大乘学者有意的作为。

用“乘”——大乘、小乘、一乘、三乘等，来譬喻佛教，并批判佛教思想，算是印度佛教史上最初的判教法，次有六宗八宗之判，后来就更多了。佛法到了中国，判教的学风来得更盛行。在唐时就有人说“古人古贤，所立教门，差别非一”[①]。有的从思想上批判的，如“乘”“宗”等；有的从时间上批判的，如“三时”“五时”等。五时八教等说，我们不能相信是合乎历史的，同样的大乘、小乘与一乘、三乘之说，也都是后来大乘学者的创作。印度是不讲历史的国家，尤其是上古时代——佛陀以前，可说一点历史资料都没有，到佛陀立教以后，印度历史算是有了一线光明，但是仍不可得其详。今从乔达摩世尊起，以探讨印度佛教思想，略述如下：

二、根本佛教：中国佛教学者，自古以来都承认经典，无论大乘经或小乘经，都是佛说的。所以佛陀又称为法王，因为他是一切法说明的依止处，这是说以佛为法之主故，曰根本佛教。再广而言之，后世弟子所造的论，都是以佛法为根据的，亦可说根本佛教。这里所说的根本佛教，是以创教者释迦佛陀及其第一代弟子所说之言教而定名的。后起的大乘经、律、论一切教法，都是依止乔达摩世尊的言教思想而建立的，如《华严经》《大日经》等，故曰根本佛教。

佛陀释迦牟尼乔达摩，在未成佛前，名曰悉达多，在公元前四六六年降生在北印度的迦毗罗卫城（今为尼泊尔国的南部边境）释迦族中。于公元前四三七年（二十九岁）出家，公元前四三一年（三十五岁）时悟道，彻悟宇宙真理而成为一大觉悟之哲人。成道以后名曰释迦牟尼佛。公元前三八六年，八十岁时入灭。佛陀灭后三十年内的佛教，称为根本佛教的时期。②此时期中，佛陀所说的法，是以当时的社会思想为对象的。他反对吠陀思想，反对婆罗门教士与其社会制度。当时的印度思想颇为复杂，这里可以归纳两点说：

（一）哲学方面：是讲二元论的。一肉体与灵魂。当时的哲学思想，即六派论师的学说，偏重在求灵魂上苦恼的解脱，至于社会一般民众，即婆罗门教士等，是尽情享受。为了满足这个解脱的志愿，他们发现：二自性与神我的学说、生天的理论。神我是创造之主，只要他（神我）享受，自性就应其所需而起变化，产生万物。人类若是达到与神我合一，就不生不灭，故名解脱。在诸法上说，宇宙万有都是自性与神我的组合。前者的肉体与灵魂，属于现象论的；后者自性与神我，是属于本体论的。

（二）在宗教方面：修定与苦行③。印度属热带地区，大陆的河流区域，物产丰饶，人民不烦生计，易生出世之想，所以印度的宗教信仰非常发达，教派也多。但是无论哪一个教派里的人，都不离禅定与行苦行的两种实践行为；特别是六师学派和各沙门集团，更加注重这两种行为。佛陀在未出家前，就学习婆罗门教的禅法，先去修习禅定，后来他又行苦行，数年之内，参学多少名德。最后他感觉到修苦行一法，徒使身体与精神痛苦疲劳，绝无成正果的可能，不是究竟的法门，遂转修禅定。于是他从两位有名的修养极高的仙人，学习修定，但是他觉得他们的禅法也不究竟，不能启示智慧，不能彻悟真理，遂舍了仙人的禅法，先行身体恢复健康，就自求悟道之法，所谓坐菩提座而作思维。

佛陀成道后，所说的教法，依他所证悟的境界而说，这不外乎三法印。三法印即“诸行无常，诸法无我，有漏皆苦”。这三种真理，就是乔达摩佛陀在菩提树下，所觉悟的缘起理性，后来成为修观的法门。如修无常观、无我观、修苦观，就是吾人内心上的智慧觉照。“诸行”“诸法”“有漏”是所观所修的对象，即是吾人之现象世界。行者要在这三方面去修习，从这三方面去修观行，即是去经验，才能达到“涅槃寂静”之乐果——一种心安理得的境界。前三是因，后一是果。若三法印中，加上涅槃寂静，又名四法印。如表：

三观	诸行无常观 诸法无我观 有漏皆苦观	涅槃寂静

阿含圣典的要义虽多，重要者不外这三法印。但是究竟根本佛教的三法印，与唯识有什么关系呢？这里我们要知道，诸行无常，就是唯识上所讲的虚妄分别有的心、心所法，及其所变现诸法。诸法无我，就是唯识所谈的二无我。因为普通研究佛学，都道小乘谈人无我，不谈法无我；小乘证生空真如，不证法空真如。大乘谈人无我，也谈法无我，证二空真如。人无我狭，法无我宽，这二种无我之分，也是大乘兴起后，才分别出的。今此言“诸法无我”就是显二无我义。阿含经中唯说诸法无我，不说人无我也。有漏皆苦，涅槃寂静，大乘佛学同是发挥这种思想。不过这种思想在阿含经中表现得浓厚些。

（三）原始佛教：原始与根本的不同，是时间不同，思想是无多大差别的，可说是一致的，有差别的是在僧团戒律上。根本佛教时期，以佛陀和佛陀直接弟子入灭时为止。原始是从佛陀的再传弟子起，约在公元前三五〇年至公元前二七〇年中的八十年，为原始佛教的时代。所谓原始者，因为这几十年中，思想行为大体是依佛世遗规的。在这原始佛教时期，当时佛弟子，特别是僧团，他们特别注意两项事情：一维持法统的传承；二保持教权的存在，这在律典里是常见到的僧团的行动。在维持教法的传承方面，不是维持像中国所传的祖师制度，如佛传给迦叶，迦叶传阿难乃至二十八祖等规式，是要维持大众结集的口传的要典，使一代传一代地继续传下来。在教权方面，就是维持戒律保守，特别是羯摩（会议）制度。这种制度特别是南传佛教表现得最坚强，至今仍有它的规模。后来的祖师制度和中国的衣钵传法制度，都是形式的表演。因此，在形式上讲究保守，在理论和思想上是得不到进步的。

在这时期内，我们可以得到一个结论，前期根本佛教的重心在佛陀，是依人不依法的；到了原始佛教时代，佛教的重心在律（僧团），是依僧团与戒律，而不依人也不依法。后来部派佛教时期，佛教重心则在法，依法不依人，也不依律和僧团了，故产生了大乘法，其重心仍在法理与思想。原始佛教思想重在戒律的保持，对于教法还是重三法印。后来人要研究为什么“诸行无常，诸法无我，有漏皆苦”，在解释上就有五蕴的思想。如五蕴前一色蕴属于物质方面（肉体），后面的受、想、行、识四蕴属于精神方面（心理），故五蕴就是诸行。佛何以要如此说？是为了迷心执我者说五蕴，把心理分析得详细些，以示所谓心者，亦无我体存在。又佛为迷执色法为我者说十二处，把色法再详细地分析，以示物质上的无我。所以佛陀的思想是进步的，而唯识法相的道理，就建立在这五蕴、十二处、十八界上，根本说来，仍不离三法印的理论。因此原始佛教的阿含经，都是唯识思想的渊源所在。待后详说。

四阿含经许多地方说到唯心的道理，如生死轮回说、业感缘起说，都是以心为造作之主体的；又如《杂阿含经》说蕴、处、界、缘起、食、住等诸法相，所说的都是法相。唯识法相入门之书曰《百法明门论》，但此论是解释阿含经中的“一切法无我”义，以明诸法唯识[4]；又《五蕴论》是解释阿含经中之五蕴，以明缘生法相[5]。原始佛经与唯识的差别，只是唯识中说八识，阿含经中说六识。大乘唯识说众生的轮回，因烦恼业种而有，入母胎识，是第八阿赖耶识。阿含经里说，入母胎时，是第六意识。其他五蕴、百法等名相分别，皆系后起之说。

原始佛教除阿含经外，依有部有《阿毗达磨论藏》，有《六足》《发智》等七论，上座部有《法聚论》等七论。有部七论是佛弟子大阿罗汉所造，但出世是很晚的。《阿毗达磨论》译曰《对法论》。其体裁有的是契经式的，内容是解释阿含经的各种教理。[6]这些论与唯识学关系较多，同时对于当时佛学思想和法相名词的组织，也相当有系统了。唯识学不过采其说，而加以严密的组织而已。如唯识五蕴百法，就是根据《法蕴足论》《五事毗婆沙论》《俱舍论》等之组织而建立的。

（四）部派佛教：部派佛教的时代，从佛灭后一百二十年（公元前二六七年）起，僧团开始分裂。在中印度的毗舍离国有跋耆子比丘，因行十种非佛教律法所许之事，引起大众的反对，于是而有第二次的结集。但开会的结果，因意见不一而分二部：一上座部，二大众部。前者是保守的正统派，后者为前进的革新派。后来两派又各自衍化出若干派来，而成有名的佛教二十部派。上座部发展到锡兰、缅甸等地，今仍盛行；大众部发展为大乘，而流行于中、日等地。这里所讲的唯识是属于大乘的。锡兰等地上座部至今虽不信大乘佛学，而研究者颇不乏人。因为他们有一个共通之点——都是佛教，都说因缘法。[⑦]

部派佛教是以阿育王时代的佛教为中心，阿育王曾以佛教为国教。他在公元前二七一年正登王位，此后第七年即大弘教法。在他的保护下，上座部的学者目犍连子帝须，曾召集了第三次结集。这次结集中，据说只是结集了论藏，并确定上座部为正统纯洁的佛教，同时，批判其他宗派之学说。[⑧]在他们的论典中，也讲心法、心所法、色法、涅槃。[9]在心的方面，有“有分心”，后来唯识学者就把它当成阿赖耶识。大体上看来，上座部的哲学，不甚有条理，也没有进步发展，因为他们注重保守，以为凡是巴利文写的教典，才是真正佛教。所以对于这些教典，只能“信受奉行”，而不能加入自己的意见，对佛音等解释，也只能奉为龟镜，而不加研讨和批判。

再看大众部。大众部无经论传来中国，只有一部《摩诃僧祇律》。在印度也没有什么经教遗留下来，但在有部的《大毗婆沙论》及其他典籍中，或可探见这派的教义。此部谓有根本识，这根本识在唯识学者看来，就是阿赖耶识。

说一切有部从上座部分出，有七论全部传来中国。其中《发智》一论，内容是讲法相的。其他《六足论》，都与《发智论》有关。故《发智》为“身”,《六论》为“足”。这些论都讲法相，如《法蕴足论》《界身足论》中，说色等五位七十五法。由色法而心所法，而心不相应行法，而无为法，这好像是主张色本心末诸法唯物论，后来发展而成为大乘法相缘生说；有主张由心法而心所法，而色法，而心不相应行法，而无为法，这就是心本色末诸法唯心论，后来发展成为大乘唯识转变说。[10]有部之学说，其搜集材料和组织，大有进步成为小乘学派的革新论派，遥遥与根本上座相对。五位之分，法体实有等，三世实有，有为无为之分，可谓二元论者；又主张极微（原子）生万法说，又可说是唯物的实在论。

其他如经部的色心互熏、细意识、种子说；犊子部的非即蕴我、非离蕴我；正量部的不失法；化地部的穷生死蕴。这些思想，都在这时期内产生。这些都与唯识学有着密切关系。总之，大家都认为有一个接续生死的心灵识体，它的名称尽管不同，其实体只是一个东西。不仅佛教认定有此一法，即印度各教派也都承认有此一物，作为轮转之体。如《八识颂》云："去后来先作主翁。"由此看来，在整个佛教学派中，只要以佛陀的智慧为立足点，不同的见解是可以会通的，尽管各宗派有其特胜点。

第二节　唯识学与印度大乘佛学者

人乘佛学的产生，在佛灭四百年后，就是公元前一世纪时，大乘佛教在南印度和西北印度才渐渐地发展起来。根据传记：第一位提倡大乘的学者，是马鸣菩萨，说他是提倡大乘的先驱者，也可说他是大乘教的初祖。在他以前，当然已发现了大乘佛教经典，提倡的人当然也有，而马鸣是最负盛名的大乘学者。以他见重于国王，具有文学天才，故易为人所注意。他生于公元一世纪末，正当迦腻色迦王执政时，他的名作《大乘起信论》，有人说是伪造的，这是值得研究的问题。[11]论中虽说唯识理，但以“众生心”摄一切法，明如来藏缘起为主要，显大乘不共之体。如论中说一心二门——心真如门、心生灭门。心真如门是不生不灭的无为法（理）；心生灭门是有为法（事）。此一心二门为一法界大总相法门体，总包一切法相，一切佛法。[12]但是根据印度史和他遗留下的梵文著作看，他是一位有名的佛教诗人，他的梵文诗在古典文学史上，是占着首屈一指的地位呢！[13]

第二位是龙树菩萨，稍后于马鸣，有说是同时，南印度人（今曼德拉斯北吉祥山），约生于公元一五〇年至二五〇年时。传说他从龙宫取出《华严经》，从南天铁塔取出《大日经》等，如果这不是神话，他就是一个考古学家。在公元前一世纪时，大乘《般若经》等，即在西北印度出现，而与有部之思想对立。南印度为大众部的根据地，般若空的思想极为发达。公元一世纪时南印度与中央亚细亚，已有《般若经》之存在。所以龙树的思想是代表第一期的大乘佛学，成为划时代的学者[14]，如果以马鸣与他比较，马鸣的学说是性相兼容，空有俱显的。龙树是偏于法性空理方面；后起无著等是偏于法相的实事方面；马鸣则双具二者思想的先河。从他（龙树）

起大乘很发达，可以说他是印度大乘的第二祖，是佛陀以后的第一圣者。他是大乘佛学的火炬，大乘教由他提倡，光芒万丈。他的学说大有超乎释迦牟尼佛的气概，所以古人尊他为八宗祖师[15]。他是印度哲学上最伟大的哲学家、思想家和批评家。他提倡般若学，专门发扬佛陀的缘起性空义，以性空为中道了义之教。佛学在印度，从龙树之后，走上了极端的形而上学的道路。为什么他要说空？据说佛灭度后，小乘人都执着一切法有，执着实在的我实在的法，故龙树依《般若》等经破其有执。他说：佛说诸法因缘生，缘生者即是性空。他对十二因缘发挥得很详尽，以这缘起性空的中道义，很灵活地批评一切学说。马鸣虽提倡大乘在先，但他毕竟是诗人而不是哲学家，更不是批评家，故在佛学上不及龙树之声望宏大。龙树所作论藏中约分五类：（一）《中论》《百论》《十二门论》《七十空性论》，这是解释般若系的经典发扬空的思想。（二）《回诤论》《六十颂如理论》，为批判教外之学说以明空义。（三）《大智度论》，是《大品般若》的注解。（四）《十住毗婆沙论》《大乘二十颂论》，前者是注《十地经》的，后者是明唯识正理的。（五）《资粮论》《王正法论》《劝王颂》等是明菩萨修行法门的，所以龙树之学，不可以“空”来范围他。他对于外道小乘之说，虽说是破而不立，其实并不是不立，他所说的缘起性空、八不中道（学理）、菩萨行等都是他所建立的。传承他的学说的人很多，如提婆、青目、清辨、月称等，都是龙树派的佼佼角色。

第三是无著、世亲两兄弟。他们约生于公元三百一十年至四百年间。前面第一期兴起的大乘经，是龙树学系的渊源。在龙树之后所发现的大乘经典，却是无著、世亲等瑜伽学系的根据。这一期的大乘经典，大约是从公元二百至四百年之间，而大乘经典则有《深密》《胜鬘》等经。无著、世亲，及其以后的弟子，都是力扬这一系的经典。无著、世亲都是先从小乘有部出家，后弘大乘佛学的，他们提倡法相唯识，是根据弥勒瑜伽之学，说一切法皆“有”（存在妙有），和龙树之学遥遥相对，一空一有，各有妙理，成为大乘教的两大学派。古人说是如车之两轮。无著之师有说是与他同时的弥勒菩萨，佛教旧史传说：他每天入定上兜率天向未来佛弥勒请问法益，弥勒对他说了，出定之后再写下来，即成了一百卷的《瑜伽师地论》。这是唯识学的根本论，说妙有而不说性空。因为这时的人受龙树之学的影响，大都执着空了，有些连因果也空了，成了恶趣空，无所畏惧成大邪见。一般研究佛学者，既然有了这恶趣空见，即成了思想上的病根，必须加以改正和医治，要改正这种思想，就要破除空的邪执邪见，破空必须说有，因此就有瑜伽唯识学的产生。这是龙树之学，给予无著、世亲之学的直接因缘，也是应时而产生的学说。

注释：

①《华严一乘教义章》与《探玄记》同云："古今诸贤，所立教门，差别非一，且略叙十家，以为龟镜。"十家之说，参看《探玄记》卷二十第三页。

②本章所说之年代皆依宇井伯寿之《印度哲学史》（第九章八十一页）。

③苦行一法，如绝食等，至今印度仍流行。

④参考《印度哲学史》第一章第二期。

⑤欧阳渐之《五蕴论叙》云："约缘起理建立唯识宗……约缘生理建立法相宗……《瑜伽》十七地摄二门尽。建立为一本，抉择于《摄论》，根据于《分别瑜伽》，张大于《二十唯识》《三十唯识》，而胚胎于《百法明门》，是唯识宗。建立以为五支，抉择于《集论》，根据于《辨中边》，张大于《杂集》……而亦胚胎于《五蕴》，是法相宗。"

⑥参考木村泰贤之《阿毗达磨论之研究》及椎尾《辩六足论之发达》(《海潮音文库》第三编论释下）。

⑦这是依南洋开明的学者而说，死硬派教徒仍说"大

乘为外道”。

⑧见《辨宗义论》。

⑨见《法聚论》与《阿毗达磨摄义论》。如云：“说此对法义，真实有四种，心及心所法，色涅槃一切。”初品一页。

⑩见《印度哲学史》第十二章二一九页。

⑪见《印度哲学史》第一章第一期之《大乘经典》（二六九页）。

⑫参看《大乘起信论研究》。

⑬参看梵文《佛所行赞经》与《孙陀罗难陀》及藏文译本之“镜”是最喜写爱情的诗。

⑭⑮《龙树之教学》（日本佐佐木月樵著，张我军译，刊《海潮音》第十一卷第十二期）云：“尤其是他被称为八宗之祖师……古来也被推崇为八宗祖师的龙树的佛学。”

第五章　唯识学之历史概观

唯识学派在佛学上占着重要的地位，成为最大的学派，是有其历史的背景的。所谓唯识学史，近年梅撷云居士，尝辑唯识学史传（其书名已忘）；墨禅法师曾译日人结城令闻之《唯识思想史》，未见出版，不知稿失何处，真是可惜的事；抗战中印顺法师作《唯识学探源》。这几种书，都是专论唯识学史的。此外太虚大师之《整理僧伽制度论》《佛教各宗派源流》，及黄忏华居士之《佛教各宗大意》《中国佛教史》，吕澂先生之《印度佛史》，武昌佛学院出版之《各国佛教史》《印度佛教史》《中华佛教史》等书中，都有讲到唯识学史，可以作为研究这一学派历史的参考书。现在只能大概地叙述。

第一节　唯识学之发源

（公元前四三一年至前三五〇年）

约佛陀时代之经教说：一切佛学思想皆发源于释迦牟尼佛悟道后，虽然佛陀的思想是以固有的吠陀和各派哲学宗教的思想为背景的，可是乔达摩佛陀，对于当时思潮是有他的特见的——有他自己的悟境的。唯识学的思想理论的成立，虽然是受了印度六派哲学，特别是吠檀多派的思想的影响，而实在还是本源于乔达摩佛陀的阿含经教的。我们可以说《成唯识论》里，批判小乘部派思想的地方，只是扫除偏固的执着，而显示解释阿含经中佛陀本意的。这如唯识的《百法论》《五蕴论》《大乘集论》,《瑜伽师地论》的《本地分》《摄抉择分》后二卷，与《摄异门分》及《摄事分》等二十卷，大都是解释《杂阿含》等经意的。所以说唯识学发源于原始的根本的佛教。根本佛教的时代，是从佛陀证正觉（公元前四三一年）起，直至第一代诸弟子末年（约公元前三五〇年）为止。

一、佛经：包括佛灭度后第一次所结集的佛经，即四阿含经，如《杂阿含经》所说的法相。

（一）五蕴诵：五蕴就是色（物质）、受、想、行（心所）、识（心王），这是法相唯识所根据的基本思想。唯识学中有《五蕴论》《百法论》《集论》等对此进行阐释。

（二）缘起诵：四阿含经中所说的十二因缘诸经，唯识据此有《最胜缘起法门经》，而建立阿赖耶识缘起。《成唯识论》八卷中，广明惑业苦之十二有支之缘起道理，就是抉择这阿含义的。

（三）四谛诵：四谛也是唯识思想的根据。唯识说的异熟果，即是苦谛；烦恼及业，即是集谛；修五重唯识观，转八识成四智，即是道谛；证得二转依果，为灭谛。所以唯识学也不离四谛的道理。《瑜伽师地论》中声闻地及《集论》等中广明四谛，《成唯识论》第九卷中明通达位的见道现观，其相见道所观之安立谛十六心，就是观此四谛的。

（四）处界诵：十二处、十八界等义，如《五蕴论》《大乘集论》等，广为解释。所以这也是唯识中的法相。故唯识思想都是根据佛陀时代之阿含经的，又一切佛经都偏重在说因果。唯识学中说的种子生现行，现行熏种子发挥因果之理最详。如有颂云："诸法于识藏，识于法亦尔，更互为果性，亦常为因性。"这是明阿赖耶缘起的因果道理。

二、弟子论：是指北方所传有部的《六足》《发智》等论，因为这些论典据有部传说，是佛陀的第一代弟子或第二代弟子所造的，这些都是解释阿含经的，所以它发挥理论与佛陀的思想相去不远。其中较早的《六足论》是经典式的体裁；迟一点的《发智论》《大毗婆沙论》等，内容与组织都很有系统，这些都是唯识学思想的根据。佛学在后来部派分裂时代，北方所传的“法有我无”的思想极为发达，这与唯识所明依他有的思想是同一宗的。

第二节　唯识学之萌芽（公元前三五一年至一〇〇年）

约部派佛教时代说：即佛灭二百年后的佛教学派。这时比丘弟子竞相分宗立派，依南方的《辨宗义论》[①]，北方的《异部宗轮论》《文殊问经》等所说，部派有十八部之多。现在把十八派中与唯识有关系的方面来说一说。

一、南传上座部：现今缅甸、锡兰、暹罗等国所传之佛教，他们自称为纯粹的佛教——正统的佛教。此派论藏含有唯识思想者，如《法聚论》所明的心、色二法，其实偏说心与心法。又说九心轮义，九心轮义是佛学上的知识论，知识产生的过程论：一有分心，即平静无念的心；二能引发心，就是平静的心，忽然遇了境界的率尔堕心；三见心，就是五官直觉；四等寻求心，就是继续去追求那个对象；五等贯彻心，就是再三去求了解；

六安立心，了知了那个对象后，而能给他安立名称；七势用心，是考察是不是真善美，生起爱与非爱的心念；八返缘心，得到了深的印象，或能记忆回忆；九有分心，仍然堕入平静的有分心位。这在大乘唯识说，心识生起过程，只有率尔、寻求、分别、染净、等流五个程序，是详密多了。吾人认识外物，都是从最初动念，至认识止，都要经过九心轮。这有分心在《成唯识论》中，即是阿赖耶识。

二、大众部：此部初与上座部对立，不是正统派。这派的思想，说每个众生，都有根本识，也即是阿赖耶。

三、说一切有部：原是从上座部分出的，在西北印度与中央亚细亚地带，在迦腻色迦王时代，曾盛行了四五百年。此部对唯识思想影响很大，唯识采取了有部一切法相组织，如前已说。如果没有有部的教理和思想，我想，也不会有唯识学产生。

四、经量部：据近代学者的考证，说《成实论》是属于经部的一论，这派思想与唯识学也有很大的关系。略说几点：（一）熏习说。他说色心互熏习，习是习气，即习惯性，也即是种子。此习惯性是慢慢熏成的。中国人常说："近朱者赤，近墨者黑"，就是一种熏习的意思。此与唯识根本识与转识熏习义有关。（二）种子说。善法有善法的种子，恶法有恶法的种子，色法、心法各有种子。此种子经部说，是色心互相熏成的，但唯识虽不说色心互相熏习，然实际上是不能离了色法的。唯识取熏习说与种子说，则所受的影响就很深了。（三）经部说有细意识和粗意识，细意识即阿赖耶识。

以上这四部的教典，世亲在少年时都有研究，故其学说不能离了这些部派的思想。

第三节　唯识学之长成期（公元后一世纪至三世纪）

一、大乘经的时代。大乘佛教起于佛灭后第五百年顷，即公元一世纪前后，这有两个时期：（一）大乘经的发现；（二）大乘论的创造。以经为主的时代，那些经就是唯识学所依据的大乘六经：一《华严经》，二《解深密经》，三《楞伽经》，四《如来出现功德经》，五《密严经》，六《大乘阿毗达磨经》。其中第四、第六两部并未译成汉文。以上六经，《华严经》尚有残缺梵本存在，《楞伽经》有梵本流行。此六种经的主要思想，在说明一切唯识的道理，都说到第八阿赖耶识，依此六经建立阿赖耶缘起论，说一切法都由阿赖耶种子而变现，及大乘行论。这是唯识的重要思想。

二、大乘论的时代：这就是弥勒、无著的时代。弥勒是何时人，历史上没有考订，一般的信仰是当来成佛的弥勒菩萨，有说他是无著之师。弥勒著的有《瑜伽师地论》[②]《大乘庄严论颂》《分别瑜伽论》《辨法法性论》《辩中边论颂》。这些论是唯识学的根本论，世称瑜伽弥勒学系，应以弥勒为盟主。无著生于北印度犍驮罗国，约为公元三一〇年至三九〇年时人，先从有部出家，修小乘教观，后学大乘，修大乘观行，造诸大乘论，说阿赖耶缘起；并入定上兜率天请问弥勒唯识教理，弥勒为之说《瑜伽师地论》。为一切所知境界依止的第八阿赖耶识与第七染污意，无著在《摄大乘论》中，已善安立。无著著有《显扬圣教论》《摄大乘论》《大乘阿毗达磨集论》《辩中边论》《大乘庄严经论》《金刚般若经论》等。《显扬圣教论》可说是《瑜伽师地论》的略本；《摄大乘论》是建立唯识的核心；《集论》是建立法相的根本，这些论都是世亲以前的著述。世亲就是依据了这些经论，才写成他那不朽之作——《唯识二十论》与《唯识三十论》。所以这一个大乘时代，是唯识学成长的时代。

第四节　唯识学之建立与弘传

（公元三二〇至四〇〇年）

建立唯识学的是世亲菩萨，到这时期唯识学的思想与组织系统才算完成。世亲是无著的亲兄弟，是公元三百二十年到四百年时的人。慧恺《俱舍 · 序》云：佛灭后千一百年天亲出世；窥基云九百年中，较为切实。他也是先于有部出家，修学小乘的佛教，后来研究大乘法相唯识学[③]，造《唯识二十论》。《二十论》批评外道和小乘的心外有境的思想，并解释唯识上的许多困难问题。《三十论》唯识学思想系统的真正建立，虽说是一百二十句的短文，可是以唯识相性位建立境行果的严密组织，真是“理韬渊海，泛浮境于荣河，义郁烟飙，丽虹章于玄圃。言含万象，字苞千训，妙旨天逸，邃彩星华，幽绪未宣，冥神绝境，孤明敛映，秘思潜律”[④]了。二论合为五十颂，文句虽不多，而其思想却非常丰富。唯识学所依据的经和论的一切思想，都集在其中了。

世亲完成唯识学理之后，当时的名流学者，无不钻究著述，成了一种新学说（四世纪至七世纪）。四世纪以后此学在印度，不但在佛学方面成一种有力的学派，就是在印度哲学方面，也是很有地位的。这时龙树的中观学派仍然盛行，故唯识学派与中观成了对立的形势，是佛教的两大堡垒和两大火炬。唯识学派后来称为瑜伽派，因为唯识学者都修瑜伽行的缘故。瑜伽梵语，译曰相应。故中观派的学者，如提婆等，都称此派曰相应派，修学唯识的人曰瑜伽师。世亲以后有许多学者研究《三十论》，真是风靡一时。现在略为述说：

一、陈那，生于南印度，约为公元四四〇年至五二〇年人，是世亲的弟子，他除研究唯识外，特别注重因明，造《集量论》《因明正理门论》《观所缘缘论》《掌中论》等。在《观所缘缘论》里，他成立根尘唯识义。在《集量论》中，立心体三分义。不过他的成功是在因明上的改革，他的代表作是《集量论》[5]，不但在佛教有无上的价值，就是在印度哲学上，也有不可磨灭的成就。和陈那同时而且是他的同学的就是：

二、德慧，梵云窶拏末底（公元四二〇—五〇〇年），也是世亲的弟子。窥基云："业冠前英，道光时彦，芳声流于四主，雅韵骧于五天，圣德神奇，未易详举。"后有无性（公元四五〇—五三〇年），他曾造《摄大乘论释》，主张有本性住种性与习所成种性，即种子的本有与新熏合一论。护法的论说，当然根据他的思想。

三、安慧，梵云悉耻罗末底，也是南印度罗罗国人（公元四七〇—五五〇年），约与护法同时，也是德慧的弟子，即世亲的再传弟子，曾作《俱舍论释》《五蕴论释》，作《唯识三十论释》[6]，又作《大乘庄严经》及《中边分别论》，二论不传中国。又作《大乘阿毗达磨杂集论》《大宝积经论》《大乘中观释论》等。《唯识述记》云："妙解因明，善穷内论。扇徽猷于小运，飞兰蕙于大乘。神彩至高，固难提议。”安慧之思想与护法异，此可于《成唯识论》及《述记》中见之。

四、护法，梵云达摩波罗。造《成唯识论》，释《唯识三十论》，是唯识学派中心学者。南印度达罗毗荼国建至城人，为帝王子，极其聪明，“学乃渊于海浚，解又朗于曦明，内教穷于大小，声论光于真俗”。成名很早，曾为印度那烂陀寺的住持，这寺院后来称为佛教大学。在二十九岁时，他退居在佛陀成道的菩提场附近，三十岁（《述记》云：三十二）时，死在大菩提寺，真是不幸短命死矣！据德国学者的考据，他也许就是曾在锡兰作小乘三藏著述的护法[⑦]。他对于唯识学理，阐发极为精详。他以道理世俗谛的立场宣说唯识“真有俗空”，这恰与中观派的“真空俗有”的思想相对立。不过，他在《大乘广百论释论》中所说的，与清辨在《掌珍论》中所说的关于二谛的见解，大体是相同的。护法在唯识正统派的学理上贡献最大。他的弟子是戒贤，玄奘是他的再传弟子。[⑧]

五、难陀（约公元四五〇—五三〇年），与胜军论师，他们在唯识学派中，算是又一学系。

六、净月，梵云戍陀战达罗，和安慧、护法同时代。造《胜义七十释》及《集论释》。

七、亲胜，梵云畔徒室利，“世亲同时人也”。

八、火辨，梵云质呾罗婆拏，亦世亲同时人，是一位居家隐士。《述记》云："尤善文辞，深闲著述，形虽隐俗，而道高真侣。"

九、胜友，梵云毗世沙密多罗。

十、最胜子，梵云辰那弗多罗。

十一、智月，梵云若那战达罗。

这后三人皆是护法的弟子，大都生于公元五六一年至六三四年间。各造《三十论》注释，他们的思想，在《唯识述记》等书中，很少见到有独到之处，大概只能传其师说而已。唯识学在十一论师时代，可说发达到最盛的时代了。

依据历史和《慈恩传》《高僧传》等，玄奘之唯识学是亲承戒贤的传承。稍后于玄奘的有法称论师，他是后起之秀，他的代表作，是关于因明的《集量论释》，他是后期大乘佛学的重镇。在义净时代，研究唯识的尚有些学者，大约在公元六五〇年至七五〇年的一百年中，这可以说是末期印度佛教。有寂天作《菩提行经》《大乘集菩萨学论》《大乘宝要义论》。此外他还有一部最有名的著作曰《摄真实义论》，中国无译本。这可以说是在印度佛教回光返照的灭亡时期的作品了。

第五节 中国之唯识学派

一、玄奘系。玄奘传唯识学于中国，成立唯识宗，因此做了唯识之初祖。译《唯识三十论注释》时，本拟十论别译，后依窥基之请，遂糅十家以成一论，独传窥基。基依师口授作《述记》六十卷，阐扬奥义，嘉惠士林，贡献殊大。基师同时有慧观、玄范、义寂、普光及西明寺圆测，均传斯学，称唐时六家。此外有神昉，新罗（朝鲜半岛古国）人，著有《唯识集要》；嘉尚著有《瑜伽佛地唯识义趣经》，均已失传。圆测亦新罗人，智辩无碍，与窥基对立，窥基秘承玄奘之学。圆测门外旁听，造《唯识疏》和《解深密经疏》，后者在唐时曾译成西藏文。

慈恩（窥基）弟子有慧沼、义忠。沼有弟子智周。慧沼造《唯识了义灯》，智周造《唯识演秘》。西明有胜庄、道证、太贤等师资相承不绝。这是唯识最发达的时期。慈恩、西明以后，义净三藏尝译《唯识宝生论》。

二、摄论系。唯识学的经论，远在唐以前就有翻译了，玄奘未出国前也有研究。唐以前传唯识者，当推真谛。真谛译《摄大乘论》《识转论》《显识论》《决定藏论》《大乘起信论》等。当时研究并讲解《摄论》的人很多，也成了一时学风。故史传有摄论宗之一学别，同时在《摄论》盛行之时，又有地论学派。然地论、摄论二宗，虽俱为法相唯识之学，然南方真谛，实得无著、世亲之真传，故陈隋之际，北方地论学者，多转而治《摄论》。真谛成为世亲之嫡传，专以弘其学为志。[9]

三、地论系。以华严《十地经论》为主。此论为世亲所造，由菩提流支、勒那摩提及佛陀扇多，于洛阳译出，其研究渐盛。此论说十地菩萨之行地境界，以阿赖耶识为如来藏缘起，明自性清净心义。研究《地论》者，因勒那摩提与菩提流支弟子各界传承，遂有南道、北道二派。南道以慧光、法上等为开祖；北道之学说受摄论之影响，偏传唯识，故以南道为正统。

唯识之学，自唐以后，虽称绝学，但在宋朝时，有永明延寿禅师作《宗镜录》，广明唯识教理。明朝有蕅益大师作《唯识心要》，亦阐扬唯识，因唐疏渐失，绝学难兴。至清末杨文会仁山居士，自日本取唐人疏回，翻刻流通，唯识才有复兴之兆。一九二一年后，有太虚大师、欧阳渐（竟无）、韩清净等，始大开讲筵，恢宏绝学，迄今不坠。

附：唐代唯识学派之概观[10]

吾国佛教自玄奘三藏留学东归，译《瑜伽论》等，倡唯识学，佛学大兴。特别在初唐佛教学界中之唯识学风，诚是风靡一时，极其最盛者也。然其直接参于三藏法师之门者，为窥基法师。故就世系之次第观之，确立慈恩之唯识学，即以护法学系之唯识学代表整个瑜伽教系。于是吾国之瑜伽学，遂酿成一有势力之学派。

自此学风浓厚的演变以来，后代之学者，尝称其为新佛教，直爽的有称唯识佛教。会昌法难以后，中国佛教，沦亡殆尽，迄至现代，斯学又复重整旗鼓矣。然而考其初唐时代之唯识学形势，或溯至护法、世亲、无著乃至佛陀的时代，亦未必有如此之盛也。

其实所谓唯识学者，乃合《瑜伽师地论》学及《摄大乘论》学而成立也。平心地严格论之，唯识学为瑜伽教系内之一部派。置释尊之全部三乘、五乘之教海中，则又为部派之部派而已。然以慈恩大师倾心注意于唯识论之研究与修学，《成唯识论》遂成为瑜伽教系之诸书的总代表。因此唯识一跃而成唯识宗，占瑜伽教系之头等位置，而压倒瑜伽教系内之其他诸书，进而压倒瑜伽教系以外之各家经论矣。

综合以上所述教系之意义与势态，凡稍浏览佛教者，即能知其大概。在一般直接地或间接地继承三藏之学说者，其树立宗派之名目：以本宗建立在玄奘，故有称为玄奘宗者；又有称为慈恩宗，以大慈恩寺窥基大师为始祖，盖能首肯而无疑矣。

唯识学之研究，慈恩大师之功绩最为伟大。吾人考究唐代初期唯识学之研究，除慈恩以外，尚有努力研究斯学而可与慈恩竞美千古者，则为西明寺之圆测、普光、慧观、玄范、义寂等五人，连窥基共为六家。此六家各有研究著述之发表，兹列于下：

书名	卷数	著者
成唯识论述记	六十卷	窥基
成唯识论掌中枢要	四卷	窥基
成唯识论料简	二卷	窥基
成唯识论别抄	三卷	窥基
成唯识论疏	十卷	圆测
成唯识论别章	三卷	圆测
成唯识论钞	八卷	普光
成唯识论疏	四卷	慧观
成唯识论疏	二十卷	玄范
成唯识论未详决	三卷	义寂

六家最盛行者，为慈恩与西明二人之著述。故此学在唐时遂分为慈恩、西明二系。慈恩学系有慧沼、义忠、智周等，师资相承；西明学系有胜庄、道证、太贤

诸人，师资传承。如是二派，各自宣扬而成兰菊竞美之形势。其他如神昉、玄应、利涉、极太、顺憬、憬兴、道邑、如理、崇俊、道氤、灵泰、道伦诸师，亦以斯学名高一世，各皆发挥唯识之精义。此外尚有日本西来留学之学生。唐代之唯识研究之盛况，洵为空前绝后，亦吾国学术上思想上之一新产物，而开一佛教史上之新纪元。梁任公先生所谓第一流人物思想是也。然此等著述保存者极少，故于文献上遗失太多，诚一憾事！今题为唐代诸学派者，主要在慈恩与西明之异解，为争论中心。其间或随附观范寂廓诸师之意，及慧沼、智周、道证、太贤、道邑、如理、灵泰等说，以求其义之完整。向来所谓难解、难详之佛学，莫过于唐代之唯识学。今此所研究者，参考资料非常缺少，谬误实多，望读者诸君指正，至所盼祷！若云阐明唯识学而为吾国佛学界、学术界之贡献者，则吾岂敢！

附：唐唯识六派学说之略解

《唯识了义灯》引《增明记》云：“《要集》六卷总寄六家语， 共演一部之文。一者有说（基），二者有释（测），三者有钞（光），四者有解（观），五者有云（范），六者未详决（寂）。”

《集序》云："然以慈教当时盛行，发迹开章形言有六：通途取则，不逾于二。且如慈恩良匠，石鼓鸣山，即以'有说'标其称也；西明大师，雷声启蛰，故以'有释'着其名也。若京地法匠光也，阿曲宗师观也，往往得其环中，时时举其精义。更有山东之范，以钩销得度。汾阳之寂，由穿凿见知。皆拾其所长，贵其所知。光佳'有钞'之主，观彰'有解'之宾，范握'有云'之声，寂表'未详'之号。"

唯识学之传译，前后共有三人：第一为北魏宣武帝正始年间之菩提流支，是为初传；第二为陈时之真谛三藏，是为二传；第三为玄奘三藏法师，师于显庆四年译《成唯识论》为第三传。自菩提流支以至玄奘三藏，约有百五十余年。在此百五十年前后，吾人可以分唯识学在中国为四个时期：一是胚胎时期，以菩提流支为代表；二为长成时期，以真谛为代表；三成就时期，以奘师及其门弟子为代表；四衰落时期，以智周等为代表。在玄奘时代对干唯识教之研究，实极其盛。而义学之考据，尤为精详，其中心问题如阿赖耶识之研究，最为明细。因此吾人说玄奘西天求法，要为明斯学之根本者，可也。

唯识学界之状况，既如此之盛，而此义之阐明，复如此其精微。由此亦可见古人治学修养之真切也。

注释：

①此论原名为 Katha Vathu，可直译曰《说事》或《论事》。因 Katha 普通译“说”，但亦可以译“辨”；Vathu，译“事”，但亦可以译“宗旨”“主义”。因此吾译曰《辨宗义论》，因此论的内容是说明各宗派所宗的见解的。

②此论中国玄奘所传，为弥勒菩萨说。西藏及现存梵本题为无著造。

③参看第二编第二章第二节。

④唐沈玄明《成唯识论·后序》。

⑤此论中国无译，《内学》刊某期，有吕澂据藏文译《量论抄》。梵文有本文及法称之《集量论释》等。

⑥此论现有梵本，为法国巴黎烈维博士校本。

⑦此护法论师即是南传上座部著疏家说，见于德国克格博士所作之《巴利文学史》中。

⑧参看《大唐慈恩法师传》。

⑨见黄忏华之《中国佛教史》。

⑩这是我一九三〇年旧作，曾刊《海潮音》第十三卷。

第二编

第一章　绪论

第一节　哲学的名义（哲学、吠陀、般若）

哲学一名词，中国古书无之，是日本维新之后，对于英文 philosophy 一词的译语，中国沿用之。但是中国古时，智人也称哲人。哲人之学，故名哲学。按 philosophy 一词，原为 philosophīa，译为爱智。西洋人最先创用这个名词的是毕达哥拉斯（Pythagoras）。最初西洋人，因为受宗教思想的压迫，不敢说智慧是属于人类的，他们认为智慧是属天神的。因此，他们怕渎犯了天神，自己不敢称智人，只称乞智的小儿。但是天晓得，智慧确是人类的，而且有部分的智慧是人类本能的，人类有求智慧的本性。因此，人类有向上进取的可能，而与他种动物不同。

印度最古的文化是吠陀，直译曰明，实即智慧之意。印度人，在古时最喜爱读诵、歌唱吠陀，因为那可以启发他们的智慧。奇怪，吠陀圣典传说也是天神创造的，但是吠陀，必须信奉婆罗门天神的人——婆罗门教士，才可以读诵。

中国哲学如果以《易经》来代表，那么，可曰易学。

佛教有般若经，般若就是智慧。佛教学生要发心求智慧，学般若。在《大般若经》中，佛教是怎样鼓励人去学般若？还有一个最有趣的求般若的故事——常啼菩萨，似乎离了般若就没有佛，般若学就是全部的佛学，就是佛教哲学。

哲学的智慧，依佛教的看法，固然不是神学，是属人类和超人类的一种理性的启悟。何以见得？哲学上有常识哲学①，佛学上有世间极成真实智，即是一般属于世间人类生活上有关系的种种理智，此外，佛学中有所谓超人类的智慧，就是在经验中证悟到理性的觉悟，不是常识上所常有的。如像科学之实验理智，哲学上经验的实证的理智，佛学上所谓修证觉悟的理智，这些才是哲学的真谛，才是真正的智慧。所以佛学的智慧，注重体会、觉悟，注重真参实学、明心见性。

第二节　哲学的方法

由此看来，古今之哲人觉士，都是启示人类，求达一种高尚理性，过一种智慧的生活、艺术的生活。如中国禅宗的禅的生活，就是哲学的艺术生活。

人类之受教育，求知识，就是启发人类的天性——智慧的本能或自觉的性能，所以知识是可学习的、外来的。智慧就不是外来的，而是内在的觉悟性能。因此，在学校受教育，可以学习某些知识，而教员先生只能拿那种东西或理论，来启示学生自己的悟性，但他不能把自己的智慧注射给学生。古来的禅师与宋明理学家教授学生，都是一种启示。故佛说："开示悟入佛之知见。"儒家的"致知在格物"方面说的也是如此。根据这个意思，《因明入正理论》云："能立与能破，及似唯悟他，现量与比量，及似唯自悟。"②

所以因明，或者说是量论，才是真正求智慧的方法论。因明是唯识学的方法论，唯识是智慧的真理的境界，必要由因明来审定。因为唯识学是处理每一事物的差别性和真实性的，都要经过因明论式。因此，唯识学也可以说是思维哲学，是变的哲学，是量的哲学，因为它是推求真的理性，认识真的理性，证得真的理性，就是所谓“量果”，即是知识。

第三节　哲学的性质与唯识之有

根据前面的意思，哲学主要的目的在求知，求对宇宙人生的一种真知灼见——智慧。因此，哲学的知识，有能知与所知两面。

“知”要确切地真知，要能够说明一件事物为什么是这样，而不是那样的真切性，就必从“起因”上寻找，这就是哲学家的主要任务。但是从“起因”上得到确切知识是科学的知识，所以哲学是一种科学。从前说哲学包括科学，后来科学脱离哲学而独立，现在哲学却反成了科学的附属品了。

我们凭什么来知呢？除了论理学外，根本是凭借理性来知的。

“所知”是什么？或者说知些什么？“哲学是拿一切存在的事物东西为对象，但是在一切存在的事物之中，它所研究的只是首要的‘起因’。反之，其他一切科学，是研究某种存在之某事物为它的领域，而所研究的又是次要的‘起因’。”因此，我们说哲学是人类知识中最崇高的。于是我们说哲学的定义，为各种科学之普遍体。它凭借着理性，以研究一切事物为最高原则，所以笛卡尔说："哲学吸收了其他科学——是科学的总体。"

根据这种意义，我们可以说：哲学就是形而上学。张东荪说：

"形而上学这个知识系统是以'有'或'体'（Being）为其基本概念。关于这概念有两个分派：一个是衍化的'底质'（Substratum）；一个是推变为'绝对'或全体（Totality），这乃是中国与西方的哲学分歧点。从质的概念产生'本体'（Substance）这个概念来。但中国方面除了老子'有物混成，先天地生'一类的话外，大概都不向这方面去发展。而在西洋哲学却始终离不了这个substance概念。最近虽有废去此概念的运动，然而我们必须知道此概念可废而being这概念决不可废，因为倘一废除则形而上学便没有了。须知于此所谓'有'是把'有'当作一个范畴来使用。有些哲学是以经验作基本出发点，但这种哲学，依然是把经验认为'有'。于是我们分为'起始的有'与'最终的有'。这两组往往就是一个……因为在哲学上最后的，必同时就是最初的。……总之，一切形而上学系统，绝无一个能离开'有'这个概念。"③

佛学的两大学派思想：一、唯识学派是讲"有"的，故佛家称为"有宗"；二、三论学派是讲"空"的，故佛家称"空宗"。我们现在所讲的唯识学，就是偏向于形而上学的有的系统，也就是探究宇宙万有最高的原则。在我的《“有”之研究》一文中，我曾这样说：“如果把佛教当作一种极高哲学呢，‘有’是代表了半部佛教哲学了。”

第四节　哲学与唯识学的范围

这是说哲学要研究些什么问题。大概哲学所研究的也正是唯识所研究的，范围甚广。哲学在中国所研究的是义理，故可名义理之学。在印度则名有四吠陀、五明、十优婆尼沙昙。古代希腊哲学家，把哲学分为三部：一物理学，二伦理学，三论理学。现在的哲学家，则分哲学的范围为：

一、本体论——是研究宇宙世界的道理，及“存在”之本体及“真实”之要素。又名宇宙论，是研究世界之起源及其历史的发展等。

二、人生论——是研究人生之来源，究竟人是否由动物进化而来。并研究人类的心理学，及如何做人的伦理学。

三、知识论——是研究知识产生，及其性质和作用的。至于研究知识之真、伪、邪、正，则是知识论理的内容：

（一）唯识学的阿赖耶识，是一切法的本论，如《摄大乘论》名之曰：“所知依。”（“所知”即宇宙万有。“依”

就是本体之意）又如三自性中，除了遍计所执的“我相”与“法相”是空本外,“依他”与“圆成”都是“有”的、“存在”的。而这些法之所以“有”，是依止阿赖耶识而有，故唯识学之本体论是阿赖耶识。

（二）唯识学的第七末那识，是一切人我、是非、邪正的起源。没有“末那”识，就没有人我，一切社会也会平等、自由、自在。人生的伦理道德的基本观念，就在此识上建立，故唯识之人生论是末那识。

（三）唯识学的前六识，即是吾人之五官感觉与意识知觉，是一切知识的来源，知识论如“真唯识量”等都依前五识建立。又一切人类行为，作善作恶的活动，都是建立在此识上。一切心理的作用现象、性质等等，皆属于六识，是最广泛的。科学的实验求知的范围，绝不能超出前五识的范围。哲学家思索或思维，又出不了意识的范围，故唯识的知识论是建立在前六识上的。

现在，我依据这三方面来讲解《唯识三十论》。求通俗易解而已，非求新立异也。

第五节　唯识哲学之意趣④

唯识哲学是说明遍计执无、依他虚妄有、圆成妙有。因为说有，故此学派也名有宗。今就“有”之意义，说明其哲学之意趣。

“有”，照字面上去观察，不过是“有”“无”的对待词，似乎没有什么意义；但是，我们用深刻的思想去探讨，就觉得它的意义很深广了。不但在哲学上这“有”（Being）有着重要的性质——哲学当“有”（Being）是一种范畴，就是在宗教上也有它的相当的地位；佛学上对“有”的观察，那就更微细了。

“有”在这里，若当所有格上有无的“有”来看，那么“有”的意义，非常的广泛。比方说：“有此有彼”“有理有事”“有人有我”，乃至说“宇宙万有”“森罗万象”，就是这个“有”了。这宇宙万有的“有”，所谓亘古至今，天地人生，一切的一切，形形色色、奇奇怪怪、事事物物、此此彼彼、人人我我……都不能逃出这“有”的范畴。这就是以宇宙的空间量观察一切现象，则无不是“有”。所以说“有”的意义，非常广泛。

“有”，我们从它的“性”上看，“有”的意义也很深奥、微妙。在印度哲学中，胜论派，立六句义，里面就特立着“有句”，有时候，为了特别注意这“有”的作用，就立名“大有”。意思大概是“宇宙万有”之所以有，“人生世界”之所以有，都是因为“有性”的关系。所以“有性”在印度胜论哲学里面，是很重要的。佛教为破除这种偏激固执的知见观念，也很费了些功夫。

在佛教里，对于“有”观念，最为重视的，要算是“说一切有部”了。这一部派的主张很明显：大唱宇宙人生，一切诸法，不仅是有，而且是“实有”；不但法体有，时间也“实有”。还有法相唯识学派，也主张一切法是“有”，不过与说一切有部所持的见地不同：主张“有”固然是有，但不是“实在有”；是“假有”“因缘有”“唯识有”。

用“有”的见解去观察佛教各宗各派的普遍性、共同性，大略有二种：一是“业有”“果有”；或者说是因果性的不坏和存在，即是“因果有”，是“如幻有”。二是对于“真如”“涅槃”等超时间空间的真理、妙法，也主张是“有”的，而且是“真实有”。佛教弟子，在修学佛法的时期，对于这两重“有”——因果如幻有、真实微妙有——是要审慎地去思维观察，一点都不能马虎。在这些境界上，自己认识的智慧，要获得不可坏的信解，就是说具足正见。对于这两重“有”，是绝对不能否定的，如果自己没有抉择力和依止的贤明良师善友指导，生起邪的见解，否定了这两重“有”，那就“不得了”了！在知见上会说他是“损减执”者、“断见论”者！在事理上会说他是个拨无因果者。对这样知见的人，佛教里面是卑视的。《瑜伽师地论》说：这种人是“最极无者”；如是无者，能自败坏，亦坏世间随彼见者。论中还说：“如是无者，一切智用梵行者，不应共语，不应共住。”

研究佛学的人，修持佛学的人，没有不知道佛教的教义是有很多的，而大别的划分，而且是普通的判别，不出乎两类：一者是“有教”，二者是“空教”。有教，是指佛说的教法里面，那些表彰“有”“存在”的一切教法——圣典。空教，是指佛说的教法里，那些表彰“空”的否定的一切教法——圣典。属于前者的，有小乘佛教的四阿含、《六足》、《发智》、《婆沙》等经论，大乘佛教的《深密》《华严》《涅槃》《瑜伽》《唯识》等经论，最切要的是唯识学派的六经十一论。属于后者的，小乘佛教的《成实论》等，大乘佛教三论学派般若三论诸经论。至于二乘的律仪圣典，是应该属于“有教”方面的，因为它是规范、教诫现世佛弟子的行为的，也可以说是佛教僧团现实生活的规律圣典。佛教圣典空有二系的分判，在教理方面、思想方面是很重要的，所以一般研究佛法的人，都重视这两个学系。因为这“空”“有”的两个学系，代表了全部的佛法。从大乘佛教发达史上观察，佛教教主是释迦世尊，释尊所说的一代时教，虽有无量法门，百千经卷，但总归起来他的意思——佛陀观察说明宇宙人生万有诸法的思想，不外这空、有二字。所以“空”与“有”，成了佛教二元论的中心思想。直接亲承这空有大乘佛教的佛弟子，都说是：文殊承传了释尊关于“空”的教法的圣典，弥勒承传了释尊的关于“有”的教法的圣典。文殊之下有龙树、月称等；弥勒之下有无著、世亲等。现在流行大乘佛教区域里，特别是西藏，这种承传，还相授的。

从上面的观察看，“有”可以代表半部佛教。如果把佛教当作一种极高深的哲学的话，“有”是代表了半部佛教哲学了。

“有”，成为妙有的，是佛教特别的学理，也是佛教至极无上甚深不可思议的境界。所以妙有当然不是通常而平凡的“有”了。它是由空慧而显现的如实如理的有，这“有”由空慧反映着，而绝无毫发的迷茫，因此才称为“妙有”。

“有”，在宗教上所含意义，也非常重要。怎么见得呢？因为宗教家——除开了佛教，根本就不敢否定宇宙人生的一切现实境界；假使他们否定了“有”，否定了宇宙现实，说一切皆“空”，一切“非有”，或一切不存在，那么，他们本身就站不住了，也和他们自己讲的话相违了。最明显的例子是宗教家要承认有天或神的存在，而且这天或神，都有一种威权，有一种特势。他们的威权和特势，是绝对地超越宇宙万有之外而独存，亘古至今万劫而不坏。所以这天或神，是宇宙诸法的创造者，是人生万物的产生者，是一切的主，这些主他们有创造的特别优越权。这样的天或神，他们不但不敢否定他们的存在，同时还绝对地信仰他们的存在和权势。现在科学家、新哲学家和佛学家，如果是用一种真理事实去否定他们的时候，他们是不能容忍的。至于我们这宇宙、人生、世界、一切万有，当然在他们看来，都是那些天或神所创造出来的，而且生命上的存在和生活上的苦乐享受，也是他们的恩赐咧！

"有"，当作"存在"解释，就含很深的哲学意味了。古今中外，不论哪派的哲学家，唯一的工作，是去探讨宇宙万有的真相，人生世界的起源，以求得到一种高尚的、智慧的、独特的见解。所以"哲学"原来的本义就是"求知"。做哲学功夫的人，对宇宙时空之内，人生天地之间，自然界的一切，人界的一切，他们都要应用他们的思辨功夫，去求一切真实的知识所得到的知识。与事实和道理相契合叫"理知"。哲学的人们，不愿意过那非理智的生活，所下的功夫是超常人的，所以他们得到的"理知"是超平凡的，不是一般人的知解，他们也很保爱他们个人得到的"理知"。因此，哲学家又叫作"爱智"者。

当各哲学家埋头做功夫的时候，总是用他的说神秘玄妙的脑，去思维去推辨。其所思维推辨的，就是宇宙的一切事物，这事和物，或者是自然的，或者是人生的。思辨的哲学家，自古以来，因思辨的结果，大概不外乎宇宙是唯心的、唯物的、观念的、辩证法的等等。我们不必再去理会那么多了。诸哲学家，对于他们自身，他们的思辨的智慧，所获到的理知、结论——总之，他们对于他们能思辨的头脑、心理和所思辨的宇宙，以及所获得的结果，他们绝对不会否定而认为不存在。更进一步，他们以为这所获的结论，是千真万确的、不变不异的。

科学对于客观的宇宙的观察，是重经验的，没有经过科学的经验，是不足以信为真实的，所得到的知识也不能算是正确的。由科学家所推验分析出的事和物，才算是真实的，所有的知识才算是正确的。科学对于客观的宇宙事物，“只研究关系，只示我们以关系的方式，除此以外，便无可能性与客观性”。科学方法很进步，宇宙的最后的奥妙，由物理学等从分子论到原子论；从原子论到电子论；从电子论到量子论；从量子论而推到“力”；从力又发展到“能”；又发展到最新的数学发明相对论。总之，这些科学上的结论，对于“物”“心”，知识的推验分析，种种观察不同，但对这所研究探讨的客观性的宇宙的物和事，是认定存在的，存在就是“有”。他们知道物体的变动，是不停留的。因此，有种种科学上方式的不同，关系的不同。和方法关系的法则，就是科学的方法。科学的方法是万能的，万能的方法——

方式去实验存在的物体的实性；用不同的关系去探讨事物的关联。这些“方式”“关系”，科学上也决定是存在的，存在就是“有”。由科学的方式、关系，实验而得到的“知”识，也是存在的，存在就是“有”，因为“有”就不能说“无”说“空”。

固然，佛法上也广说空，如像六百卷的《大般若经》，就完全是说空的。有些很普通的经典说空，常举十八空或二十空，但是我们要知道，般若的空义，绝不是否定了断灭了这全宇宙的物和事的体相，而说断灭空，也不是如青天太空一样的顽空。所说的空义：第一是破除我执相和法执相，因为我法执的自性存在，虚妄自性存在，障蔽了客观性的物和事的本相，而且这我执相或法执相的虚妄知识，是不正确的，是颠倒的，是“无中生有”的，像这种颠倒而不正确的知识，就是没有经过科学实验的不正确知识。这是应该“空”去的！第二是就一切事物的本质体上说的，因为这一切“物”和“事”的本质体，决定是没有一个千真万确的固定性（自性）存在，佛法上说“一切法无自性”，就是这个意思。每一物或事，都无固定性，所以“空”！物或事何以没有固定性呢？就是因为每一事物的本体，都是由很多很多另外的物或事所组成的。除开了另外物或事，这个物或事就没有了。而今每一事物的现象形状存在，只不过是几种物或事，在某种方式关系法则下，组成的一个形态罢了！除了这些，哪有固定性的存在的呢？这样，所以说“空”。说“色即是空”，也说“空即是色”。

第一空义显现的是打破我执相的存在，第二空义表明的是打破法执相的存在。假若明白这两重空义，则知识绝不会颠倒。不颠倒的知识，了达空义的知识，我说就是般若。空，若是没有般若的慧，是不能够通达的。

这样说空，绝不阻碍一切事物的如实如量的存在。《般若经》说：“不坏假名而说实相。”又说“以有空义故，一切法得成”。又说“由般若波罗蜜多故，而能成办一切胜事”。

由此，可以知道佛法说空，不是否定客观性的物和事的存在。我们现在可以这样说，佛法中说空，正是为着保持一切物和事的存在，才说空的。因为不说空，宇宙的一切现实的物或事，就会因颠倒的我执法执和虚妄性的知识所破坏、所阻碍，而不得交遍互成！宇宙一切物或事不得交遍互成，则不能相助而成其利益；不能相助而成其利益，则必隔碍而相对待；由对待而成互相敌对；因敌对则互相利害而破坏；这是必然的公例，也可以说是自然的法则的“函数律”。

所以说空，是为成立妙有的。我们不能因为佛法说空，我们就甘愿去堕落，去造作一切罪恶，更不见佛法中的无量功德胜利，而堕入邪途！我们尤其不能因为佛法中说空，说无人相、无我相、无众生相、无寿者相，我们便只看见自己而不顾自己以外的一切人和非人超人；不因说无我相，我们便把自己的人格、佛性，完全否认存在，不要我们自己的人格、佛性，而更造罪孽；不能因为说“无众生相”，我们便把一切有情之类的众生舍而不救度，甚至去伤害一切众生；不能因为说“无寿者相”，便连我们的生命都不要，或者轻视自己的生命去自杀。有些佛弟子，不明白这真正的空义，为着一点信仰所驱使而毁掉自己身体，焚顶、烧指、绝食、投崖，以妄冀功德！

四大当然本空，五蕴自是非我，四相固然也是无我。但我们不能因此说空，说非我，说无我，盲然地误解，去糟蹋自己的身体，毁灭自己的前途，毁灭佛法。我们应该知道，因为空故，我们更要宝爱我们的身体，保护佛法！

佛法，固然可以说是空门，因为佛法是空一切执相，和空一切颠倒知识的；就是空我们的妄执倒见所生起的一切颠倒是非，是空一切的、散乱的、迷蒙的心理现象和妄执现象的。但绝不是空我们的功行，不是空我们的罪孽，功行和罪孽虽然无自性，但不能因佛法说空，就毫无所事，听天由命，依佛靠菩萨。更不能因为说空门，我们就得人人清闲自在，苟且偷安，坐享现成。更不能由说空门，我们便不做一切事业；我们应该努力做一切事业。还有，我们不是因说空门，我们便得受人家的宰割，听人家的毁骂，甚至一切的侮辱，虽然我们是空门的佛教徒。

我们现在应该向着“有”的路上走，向着“妙有”的坦途大路上跑！因为“妙有”是“中道”，唯“妙有”才是“真空”，“真空”决成“妙有”。还有些人，近来因无上禅密之迷茫，竟不信因果，不修功德，广造恶业，所谓因修空胜解故，不是涅槃胜利功德，也不修积一切资粮。这样的人，无所为了，久之信仰三宝之念也消灭了，这都是因空而受到的毒害！堕入罗网！所以我们现在应该向“有”的路上走了。

我们并不是说佛法中，不该说空，我们不要受空之害，我们应得空之益。中国佛教僧徒，是不了“空”的真义，是误解“空”的真义，所以中了空之毒害。“空”实在是一种很高的境地，是一种甚深又甚深的境地，要想完成自己的佛果功德，是必通达真实空义，但我们不能误解空义，颠倒空义！我们要从妙有中得到真空，从真空中握住妙有。

最近的新兴科学，是相对论；新兴的哲学，是辩证唯物论。这两派学说左右了二十世纪的时代，也可以说这两个学派是二十世纪的新鲜产物。相对论，前面曾略提及，确是有价值的学说，有好些地方，是与佛教学理相接近的，留待后论。这里应该提一提辩证唯物论了。这个学派，在思想方面，占着很大的势力，形成今日阶级的斗争，造成今日社会状态。辩证法的唯物论，理论的三原则：一是矛盾合一律；二是数量转变于质量论；三是否定的否定律。这三个基本的规律，是一贯的不可分离的，此外有它的逻辑方法。我们现在不必去讨论它的内容怎样，但是它们对于这个世界是看得真实的；对于过去，它们认为过去的历史也是实有的；对于未来，认真去推度。总之它们认识这个人生世界是实有，它们才努力、才创造！至于辩证的唯物的方法、规律、逻辑，那更是执为真实了。这种学说虽有好些方式与佛学接近，但仍然是偏执的，所以虽然说有，不是妙有，是应该向他们开示唯识妙有的真义。

注释：

①见张东荪之《思想与社会》第二章二十四页。

②此颂的详细解释，见窥基之《因明大疏》。

③见《思想与社会》第二章三十页。

④此一段文原名《“有”之研究》，载《海潮音》月刊第十九卷第二期。

第二章 论题之建立

第一节 释论题——唯识三十论

今释此论题有两段：一、别释；二、合释。一、别释中又有三：

（一）释“唯识”：唯是独义、仅有义、不离义、简持义。次言识者，识是心识或意识。言唯识者，一以自然界、非自然界一切法的作用，心识的作用独胜，所以说唯识。二以万有诸法的一切存在，都是假有的，只有心识才是实有的，所以说唯识。三以一切法的生起和存在、消灭等一切现象，都不能离开心识的关系，所以说唯识。四因为外在的境界相，原本不是实有的，而众生执为实有，故必须剪除这实有的“执”。内在的心识体性作用，又都是实有，但众生驰求外境，不知内心的实有，故怎须持取此心识之“有”，所以说唯识。

复次，言唯识者，如经中常这样说：“万法唯识。”或云：“三界唯心所作。”什么是万法？怎样是唯识？万法即宇宙万有，也就是自然科学和社会科学所研究的对象。佛教所谓“法”这一字，包括得很广，不但心思所及言语所至皆是法，就是心言所不到的也是法。一切法总有两种：一是有为法，二是无为法；或云有漏法与无漏法。此二种法总摄一切法，这一切法都是不离心识关系的，所以说唯识。现在再引经论来说明：

《百法明门论》说：《百法明门论》，是说明万法唯识的一个好例。如论云：“经云：‘佛言一切法无我’，云何一切法？云何为无我？”①一切法者略有五种：一者心法，二者心所法，三者色法，四者不相应行法，五者无为法。这就是五位百法。如表：

五位百法	心法	八	有为法	事相	不离心识
	心所法	五一			
	色法	十一			
	不相应行法	二四			
	无为法	六	无为法	理性	

这一切法怎样称为唯识？《百法明门论》云：“一切最胜故，心所应故，二所变现故，三分位差别故，四所显故。”这五句就是说明唯识的。第一句即指心法，心法

在一切法中是最殊胜的，最有力量的，因为心法能给他法影响，有主动的支配之力，又有自在义，所以说明最胜。第二句是指心所法，心所是属于心王的心理作用，与心识相应的，当然心是主体，心所是心的附属了。第三句是说明色法（物质外境），是心王与心所变现，所以色法是无实体的。第四句是指不相应行法，是由心识心所和色法，彼此差别作用上所现起的，故是假法。如时间、空间、数量、尺度、得失、生灭相、文字相等。前四句明现实的，第五句即是明理性的无为法。无为也非离有为法，别有其体，乃是有为法所显示的真理，故也是唯识。心王、心所法是心理学所研究的一切心理现象。色法不相应行法，即数学、物理学等自然科学所研究的对象。无为法的理性是哲学家的境界。总之，万法的事相与理性，皆不离心识而有，故曰唯识。“不离”即科学说的“关系”。在各种关系中又只有心识最胜，万有皆不离此最胜的心识，所以说唯识。

依《解深密经》说：“我说识所缘，唯识所现故。”②此中“所缘”就是观察的意思。佛说眼等八识心、心所法，所观察的一切对象，都是唯识之所变现起来的。“所缘”即所了别或所分别的解释。分别与了别略有不同：分别对境界有简别义，了别对境界有认识义。“唯识之所现”，现有二义：一现起义，二变现义。凡物皆刹那变，由变而现。变在初刹那，现在第二刹那，不变决不现，或者说变现同时。如谷种子变现芽、叶、花、果等。眼等所缘的种种境界，通通是以心识为主缘而变现起来的。龙树《大乘二十论》云："心如工画师，画作夜叉相，自画已自怖……"这也说明万法唯心所现的意思。

依《唯识义章》说："《成唯识》言总显一切有情，各有八识，六位心所，所变现象（色法），分位差别（不相应），及彼空理所显（无为法）。如是诸法，皆不离识，总立识言。唯言但遮（止）愚夫所执实我实法。"

复依三性说：《义章》又云："彼愚夫等，由虚妄心，周遍颠倒，定执离识实有我法种种差别；说此唯识，唯言即遮彼等此遍计执，是谓遣虚，识言即我法识变，因缘假有，事实如此。依他而起，及彼假有空性真理，圆成实性，是二于事及理，皆正有故，是谓存实。"③

（二）次释"三十"。有二义：一者三十是数目，因为本论的文体，是一种诗式的偈颂体，五字一句，四句一颂，共有三十首颂文，故云《三十论》；二者三十是简别《二十论》的。

（三）释"论"。有三义：一论就是三藏之一的论藏；二论是论议，即对事理之研究与讨论；三《俱舍论》说："教诫学徒曰论。"教是教授，就是指导学生，在学理方面去研究真理，可达高超之智慧。教诫是指导学生的行为律仪，以养成其高尚之人格。

二、合释：《唯识三十论》，论是通名，唯识三十是别称，通别合称曰《唯识三十论》。或曰唯识之《三十论》，不是《唯识二十论》。又唯识是通称，通于唯识诸论，“三十”正是此论之别名，故曰《唯识三十论》。若依梵本原文，唯曰《三十论》。

第二节　论文之组织

以下正释颂文，颂文共有三十，兹列一表，以示大纲：

《唯识三十论》大纲
- 唯识相
  - 略明
    - 1什难破执——初两句
    - 2标宗标识——次一句
    - 3彰能变体——后三句
  - 广释
    - 明能变相
      - 1异熟能变——初阿赖耶识等二颂半
      - 2思量能变——次第二能变等三颂
      - 3了别能变——次第三能变第九颂
    - 示唯识义——是诸识转变等一颂。
    - 释诸问难
      - 释违理难
        - 心法生起之由——由一切种等一颂
        - 有情相续之由——由诸业等一颂
      - 释违教难
        - 三种自性——由彼彼遍计等三颂
        - 三种无性——即依此三性等一颂
- 唯识性——此诸法胜义一颂
- 唯识位
  - 1资粮位——乃至未起识一颂
  - 2加行位——现前立少物一颂
  - 3通达位——若时于所缘一颂
  - 4修习位——无得不思议一颂
  - 5究竟位——此即无漏界一颂

这里所表示的有唯识相、唯识性、唯识位的三大纲。首有二十四颂，广明唯识相，唯识相就是宇宙万有之现象界。这一切现相都不离识，故曰唯识相。唯识的相，即是法相，谓宇宙万法有一名必有一相。又相者是事相、事体，有名字相，有意言相。这些名字相状就是所知的事相，也就是唯识相。次有一颂明唯识性，就是说明一切事相的理性。事理是不相离的，理由事显，事假理彰。所以事相是唯识所现，理性是唯识所显。后有五颂明唯识位，就是讲修行证果的位别程序。因为佛学不仅是讲学理，而且要从学理上去实验、实修、实证的。总之，佛学是要修证。本论是广说唯识的事相和理性，使众生明白自己本有的境界，然后依着学理去修行去改变自己。所以唯识学是先从众生位说明，然后由众生再到佛位。如平常说“了生死”，了是了知或认识义。生死就是众生境界，众生了知自己的生死根本，然后才能断生死的因而得解脱。所以这里有二十五颂广明众生的境界，使人了知人生现象与真理，然后生起向上进取的志愿和行为，渐次解脱这痛苦的生死。这是唯识宗和其他宗派不同的地方。其他宗派，如密宗、净土宗、华严宗、三论般若等，对众生说法，都是先说明佛果上的功德境界，如何庄严，如何安乐，使众生生起希求信仰的心，依法修证，而达其希求的目的，可是却忽略众生的本位。如此说来，唯识是重在明因位法，其他宗派重在明果上法。

又依境行果判。此中唯识相与唯识性，都是明唯识的境，即是唯识学上所观察的宇宙人生。在唯识五位中，前四位是明唯识行，从初发心至见道修道，广明学者，应如何依法修持。后一位明唯识果，即是二转依果。依了这个系统看三十颂文，有二十五颂明境，有四颂明行，明果的只有一颂。

第三节 作者与译者

一、作者及其造论之意趣④

本论的作者是天竺世亲菩萨。“天竺”即印度（Indo）之古译。“世亲”，梵云婆薮槃豆，译曰世亲，亦译天亲。“菩萨”是称呼。他的青年时代，即造《俱舍论》时代，人称世亲尊者。到了研究大乘时代的晚年，才称他曰“菩萨”。（菩萨具言菩提萨埵，译曰觉有情。谓若其人是已觉悟的，又能把自己觉悟的理，去觉悟他人，即自觉觉他，称曰菩萨。土塑、木雕、石刻的为菩萨像，非菩萨也。）世亲本是西北印度犍陀罗国人，出生富娄沙富罗城，即今西北边省之首府（Peshawara）。他的父母都是婆罗门教人，信仰大自在天等。他弟兄三人，都依有部出家。长兄是有名的大乘学者无著。古时印度欲学佛法而出家者，必须在小乘教中，依律出家，先研究本部之三藏。所以他们兄弟都先学小乘，然后再学大乘。世亲最初很费心研究小乘三藏。当时迦湿弥罗国是北印度的文化重地。一切有部的学说是一种新的学说，甚为发达。有名的《大毗婆沙论》，就是在此地由五百大罗汉造成的。传说那时不许外人进去学习。世亲乃化装商人，到迦湿弥罗留学，研究有部《大毗婆沙论》。后来也根据《大毗婆沙论》的要义造《俱舍论》，于是名震五印。其兄无著，知道他专弘小乘毁谤大乘，心甚怜愍。于是称病召之。世亲接信即来省视，见兄并没有什么病，很觉奇怪，问曰："阿兄！不是说有病吗？"无著说："是为你而有的心病。"世亲更为奇怪。"因为你不研究大乘，还要毁谤，将来你是要堕落的！因此，我心很难过。"可是世亲是不容易转变的人，无著便留他住下来，使人在隔壁朗诵《十地经》。世亲听了，闻所未闻，沛然喜悦，于是悔过，欲割其舌。"割舌徒召痛苦，无补于罪！"无著乃劝其信仰大乘，造论弘扬大乘，则可以将功抵罪了。世亲从此，大弘唯识等教。他弘小乘时，曾造论五百部，弘大乘时，又造论五百部，故世称他为千部论师[5]。

世亲的学说是很广博的，他研究全部大乘经典，不过特宗在唯识罢了。所以他的大乘论，不是完全说唯识的，中国已译有二十多种，如《金刚经论释》《宝髻经论》《转法轮经论》《三具足论》《胜鬘经论》[6]《胜思维梵天所问经论》《法华经论》《无量寿经论》等。这些都是唯识以外的论。可见世亲的思想，不仅是弘扬唯识，对于各方面的学问，他都有研究。“兹惟世亲，实贤劫之应真，晦生知以提化，飞光毓彩，诞映资灵，曜常明于八蕴，藻初情于《六足》，秀谈芝于《俱舍》，标说有之余宗。摄玄波于大乘，赜研空之至理。化方升而照极，湛冲一于斯颂。”（见《成唯识论 · 后序》）可想他在印度佛教中地位之重要了。

再说其造论的意趣，有三点：一令法久住，利乐有情。因为一切施中，法施最上，为人说法者，就是施以教育，故教育就是说法，对有情是最大的利乐。二解释佛经，解释发扬佛陀经义，这两点是一般造论的目的。今世亲造《唯识三十论》，乃发扬佛经之唯识义趣。三为断障得解脱，故造此论，《成唯识论》卷首说：“今造此论，谓于二空有迷谬者，生正解故，生解为断二重障故……断障为得二胜果故，因断续生烦恼障故证真解脱，由断碍解所知障故成大菩提。”这是造唯识论的特别意趣。

二、译者[7]及其对中印文化之贡献——唐三藏法师玄奘译

这是译题。这部《唯识三十论》是印度世亲菩萨造的，是用印度文（梵文）写成的。现在讲的却是中国文，这是经过翻译的。这论的译者，就是中国历史上有名的玄奘法师。他是李唐初时的人。唐时的文化，在中国历史上，不论哪一方面，文治武功都达到高潮，在当时的国际上是最有地位的一等国家。玄奘就是这个时代的人物。他是河南人，少年时随他的长兄出家，因避世乱，才由河南去益州住了好几年，在成都的大慈寺受具足戒。研究真谛所译的《俱舍论》及《摄大乘论》等，深觉古译未善；又闻西域有《瑜伽师地论》，遂发愿去西天（印度）求法。这种志愿他在成都时就决定了。后顺江东下，至荆州扬州讲学，然后返长安。时大唐肇始，民庆太平，太宗皇帝励精图治，玄奘就在这时西行。因当时不许壮丁出国，玄奘遂偷渡关卡流沙，不畏生命的危险，以最大的菩提胜心，克服了种种的灾难，由于精诚的感召，佛、菩萨的护佑，他终渡过流沙葱岭，而到达印度，在印十七年载誉而归。他在翻译上的成就，真是前无古人，后无来者，他不但在中国佛教史上有辉煌的成就，在中

国文化历史上写下不可磨灭的一页，而且在世界学术上他也是很有地位的。尤其是对于印度的历史文化、宗教、风俗等记载，贡献实在伟大。由此他的书成为研究印度历史必需的资料。关于玄奘的传记，可以参看《大唐慈恩法师传》。

佛教从秦汉时传入中国，经过汉魏、两晋、南北朝而至隋唐，其中最发达的也是隋唐两朝。这时佛法压倒了一切学说，是那时期的新的潮流。

三藏法师者，是说玄奘不是一位普通的人，乃是一位通晓三藏的法师。三藏即经、律、论，是佛学的总称。古来学佛法的人，有曾研究一藏的，或经或律或论，随个人的意趣。在研究上心有所得，能通经的称为经师，通律的称为律师，通论的称为论师。如像中国的出家人，专习坐禅的，即称禅师。玄奘通晓三藏，故曰三藏法师。这部《唯识三十论》，就是他从梵文的《三十论》，用中国文译写出来的。

注释：

①《大乘百法明门论》卷首。

②《解深密经》卷三第三页，《分别瑜伽品》云："慈氏菩萨复白佛言：'世尊！诸毗钵舍那三摩地所行影像，

彼与此心，当言有异，当言无异？’佛告慈氏菩萨曰：‘善男子，当言无异。何以故？由彼影像，唯是识故。善男子，我说识所缘，唯识所现故。’‘世尊，若彼所行影像即与此心无有异者，云何此心还见此心？’‘善男子，此中无有少法能见少法，然即此心如是生时，即有如是影像显现。’”

③《大乘法苑义林章》，唐窥基之名作。今所行者，为《义林章》中之《唯识义章》。

④关于《世亲传》可读真谛之《世亲传》，及《俱舍光记》与《法宝疏》之卷首。

⑤欧阳渐《俱舍论·叙》云：“世亲菩萨，小论千部，大论亦千。”

⑥《俱舍·叙》云：“《维摩》《胜鬘》，诸论未来，犹足深庆，此土译行，除遗教论，有二十七。是二十七论者，唯识法相法义俱在。舍于《俱舍》，取于大乘，马迹蛛丝，昭朗可扬。”

⑦参阅《大唐慈恩三藏法师传》。

第三章　唯识大意

第一节　宇宙人生之假说

一、序言——由假说我、法，有种种相转

上面解释论题，已说过唯有内识，没有外境，这里就发生了问题，什么问题呢？《成唯识论》这样说："若唯有识，云何世间及诸圣教说有我法？"意思是说，如果世间人和佛经中所说的我法是实有的，就是心外有法，何名唯识？如果定说唯有内识，无有我法，就犯了世间相违过与圣教相违过；一面说唯识无外境，一面又说我说法，岂非矛盾？不错，世间人都说有我有法，佛经上也说到我与法。不过世人所认为是我是法，而又执着为实在的我法，这是他们认识上的错误。因为我与法实际

上都不是实在的，都是假名安立的。佛教经论说的有我法等名相，是有作用的施设。我们不能以为在文学上语言上说，就以为那是说有“实我实法”。所以颂说：“由假说我法。”这句颂的意思，是说一切我法，由假施设。这有两点：一世间人说有我有法者，其我其法都是因缘所生，假有体相，绝无实性，只是人们不了我法缘生，倒执为实罢了。二佛教的经中和圣者口中所说我和法，那只是随顺人间的名字言诠，随顺人间意愿而方便施设的。由此假设，故而说有我与法，因此假说，故也就有种种的我相和种种的法相了。

二、我相与法相

（一）什么是我

我的定义：所谓“我”，梵文有三个词：一补特伽罗（数取趣，即人）；二阿得摩（神我灵魂）；三补噜沙（人、人格）。以上三词，都可以译作我。我的定义有三：一主宰义：即能支配者，如说我行、我坐、我作……是表示内有自我的支配，又能支配他人，一般的人都有这种感觉。二常住义：我的身体虽有死坏，而“我”是常住不灭不坏的。如世间说“精神不死”，此精神即我之代名词。三一体义：“我”是只有一个，绝无二体，故不变易。此可以于常人表现者，好像是指人的本性，如说：“江山易改，本性难移。”或者说是个性、特性，都是不易改变的。这三种意思中，以第一主宰是“我”字的正义。

我的本质：是要指出什么是我。一西洋人说：灵魂是我，灵魂是看不见捉不到的，它却是能支配者，永远不灭，死后可以生天国。二印度人说：（一）我即知者、受者、寿者（命者）、识者，我在识中。（二）梵即我，或曰我是生主，就是由我创造万物，万物皆我所作，以梵为创造主，为一切生物的主体。这与耶教所说的上帝也差不多。又分大我、小我：大我以太阳为大宇宙为主；小我即是个人的生命，我是知者、受者，这个我就是个人的宇宙。这是古今婆罗门教的思想，好像是一元论。（三）神即我，这是数论所说的神我。数论是印度六派哲学中一大学派。这派主张宇宙万物之产生，有两个东西：一是神我，二是自性。自性不动，神我可动。神我若动，自性就生万物，故神我能支配一切。（四）我即生命，谓生命是无量无边，无穷无尽，这是六师之一的尼乾子即耆那教主的教义。（五）梵我合一是真我，这是六派中吠檀多的中心思想。谓吾人有小我，或曰私我，小我因受贪欲等烦恼的拘束，所以不能与大我合在一起，故轮回受苦。大我即是梵，梵是遍一切的。小我不能与大我合，所以我受诸痛苦，要把私我打破，即与梵合而为一。小我即大我，真我而得解脱——涅槃。在部派佛教中的犊子部，执着即蕴我离蕴我。

（二）我的相状

一普通说：人有人相、我相和寿者相，普通人都是这样看：凡有两手两足，能说话做事，能用心思的就是人相，人相即是我相。我相是有自我、有知识、有主观的我。寿者即是生命，也是我相，《大般若经》说有十六种我相，都是“我相”的别名。二在迷信上：信有梵、有神、有天等，都人格化了，以为他们是能支配者，也是我相。三超人世的圣者相、贤者相、至人相、神人相、罗汉相、菩萨相、佛相。这是超出一般常人的我相，所以名为超世间的我相。因此，《成唯识论》说：“我种种相。”

三、什么是法？

法的定义：法是法则、法规、法律。但此中所说之法，意义甚广：（一）事物之有特性者，能轨生物解者曰法。（二）事物之有独立性者，能任持其自性的，就是由复杂的东西，变成为单一的东西。而它有其特性别于他物者，都名曰法。简单地说：法是法律、法则、公式等意思，不能包括佛学上所说的法的意义。（三）法是事物的概念。一事物在内心上有一概念，这概念是共通的，人人都有的，名曰法。

法的名相：（一）有名字相，名称是一个东西的符号，故法相是由名称来的，就是名字相；（二）法有相貌相，一一事物，各有其相，彼此不同；（三）法有体相之相，一切法是各有其自体相的，这体相是不共他法的。

名与法（事）是不相离的，故《老子》云："名为万物分化之始。"名称就是法相（事物）的代表，也可说是符号。《摄大乘论》云："名事互为客，其性应寻思。"有时名为主，事为客，就是先有名后有事。有时是事为主名为客，是事先于名，依事立名，名为事的代表。

四、实我法与假我法

实我与实法。什么叫作实我？实是真实，有自性义。依唯识说：（一）离心识外独有体的，即是心外有我有法，这是实在；（二）把名称当作"实在"，实我是妄情上所执着的，所遍计的，以为有个我的实体，有个存在的人或我等。实法是妄想上所执的种种法体法相，以为是实有的存在的。唯识学上虽说心识和真如是有，但不说实有。如云："若执唯识是实有者，亦是法执。"

假我与假法。一假的定义：（一）假是非真实的；

（二）假是虚妄的；（三）假是非空非无的；（四）假是假设的；（五）假是不确定的。二云何为假？依佛教说，假有两种：（一）无体随情假，即是世间常识。无体即无真实的本体（自性），全是因缘虚妄的，但随人类情识而有。如心理上都认为如此，认为是有的，实际上并无实体。如认为有“上帝”，认为有“我”，这些都是随心理的变化而假立的，等于龟毛兔角。一切我法假相，都是如此的。（二）有体施设假：佛学上和科学上所说之我法，如五蕴等，心法、色法等，这些法体是有的，而名言都是方便施设的。为随顺人的妄情而施名言，为教育化导人类而施设名言，为说明无我、无法的教义与真理而施设名言。因为这两种假，而说有我法等种种相。故云：“由假说我法，有种种相转。”种种相即是我与法的种种差别的体性与相貌，一一法有一一法的相貌。总而言之，世间上是有许多许多的差别相。转有转变、转现、现起三义，因为是假，故才说有我有法。因说我法，世间才有无边的差别我相、法相的现起，安立种种的名言，有名言，人与人才有彼此的关系，就有社会的千差万别的关系。依佛学看，万有的宇宙观和人生的社会观，都建立在这两种的施设上。

第二节　唯识略义

一、彼依识所变

“彼”是代名词，代表上面所说的我法种种相。“识”是八个识的心王及心所，就是三能变识。变有二种，谓转变、变现。由因转变成果，前无后有，有果之显现，故曰变现。转变可以说是因果同时的转变。“所变”者，对能变而言，所变即被变现，是被动的被支配的种种相；能变是主动的，是支配者。所变即是我法的种种相，能变即是识。合起来就是说：彼我法的种种假象，都是依了转变的识体所变现起来的。

这里再推广一点说：“所变”的意义，有人说不是指我法相，是指见分和相分的，识是指自体分，又名自证分。这自识分连见分、相分在唯识学上叫作识体三分。彼见分与相分是依识转变。拿眼识来说：能了别的眼识（自证分）由此体识在见外物时，识上先起的见分——即能见作用。这见分观外在的对象，同时眼识上带起一种外在的相分来，为此见分所缘所托。我们平常见外境色，都只是影相分，而不是亲切见到色的实体。

还有一种说法，谓所变的我法相，都是见分。虽然有这两种说法，但实际上还是前一说法为对。

此识何以能变呢？《厚严经》颂云：“如愚所分别，外境实皆无，习气扰浊心，故似彼而转。”又云：“为对遣愚夫，所执实我法，故于识所变，假说我法名。”这两颂中所说的“愚”，也是代名词，是指凡夫或外道，或研究小乘佛学的人，在大乘人看来，这些人的智慧不够圆满，故称为愚。“分别”即知见，就是他们所有的知见或知识。所分别就是他们所认识的境界，他们以为外面的境界是实有的，但是一切法确实是没有自性的，也确实是无我的，不过依一般人的心境（常识）上说是有的。为什么呢？就是“习气扰浊心”的缘故。习气就是种子，可以说是习惯性，含有一种力量。这习惯性的力量，能发生作用，就是种子。吾人之心本来清净，因为被烦恼习气扰浊了，所以见到相似的外境相转现，就以为是实在的了。

第二颂的大意，是为了对治遣除愚夫的病。什么病呢？就是所执的实我实法的颠倒心病，执我执法为一切心病的根本。要度众生，就要先设法打破他的执着。故佛于诸识所变的见相二分上，假施设我法的名字。这假施设的用意，就是在破我法二执。由此一句显示了一个意义：一切我相、法相等等外境，都是依识体所变现起来，离识自性，不可得也。

第三节 略释识能变义

一、略说名义

此能变唯三 谓异熟思量 及了别境识

能变的识体是什么？因为有所变，故必有能变。“此能变唯三”者，谓这能变的识体只有三种。“唯”字在此句中是助动词，显示“仅”“独”的意思。哪三种呢？

（一）异熟能变——第八阿赖耶识。

（二）思量能变——第七末那识。

（三）了别能变——眼、耳、鼻、舌、身、意前六识。

这三类叫作三能变识。虽然识体有八，就识的功用上说，只有三类，将前六识归为一类，总曰了别境识。因此说“唯三”。《成唯识论》云：“识所变相，虽无量种，而能变识，类别唯三：一谓异熟，即第八识，多异熟性故。二谓思量，即第七识，恒审思量故。三谓了别，即前六识，了别境相粗故。‘及’言显合六为一种。”八个识归纳为三类，这段文说得很明显，每一类的识，各有一种特性，和其他的识性不同。因为体性的不同，所以名称也不一了。名称体性虽然不同，可是三类识有一种共同作用，就是能变现种种的外境相。因此它们又都叫作能变识。

这能变识怎样变呢？这在《成唯识论》中，也很详细地说到。现在将变与能变，略加说明，以显唯识之义。

二、变的意义

《成唯识论》第二卷说："有漏识变，略有二种：一随因缘势力故变，二随分别势力故变。初必有用，后但为境。"

（一）随因缘势力故变："因缘生者，一由先业，又由名言实种，即要有力，唯任运心，非由作意，其心乃生。即五、八识随其增上异熟因为缘，名言种为因，故变于境。"这是说，一一法的变现起来，第一要有业种子和名言种子，这些种子是一种能变的力量，就是因。再加增上缘，那一种法或事物，就在那时间下变现起来了。又《述记》说："因缘者，是诸法真实有用种子，若用此种子，故生诸法，心缘变之，变必有用。以能生者实因缘故……五识相应心、心所及第八识体，五俱意识，或定心所缘有实种生者，皆因缘变。余无实用，但名似色心等，名随分别势力故变。"

（二）分别势力故变：《述记》云："谓作意生心，

是筹度心，即六、七识，随自分别作意生故，由此六、七缘‘无’等时，影像相分，无有实体，未必有用。亦非由说分别故变，境体定无，变缘有故。”这是说分别势力，是六、七二识的妄分别，由此变起的影像为相分境。这相分是心影不是实体，故无有用。但是也可以为境作所缘。《述记》云：“分别变者，心、心所之总名，随心、心所之势力故变，不从真实有用，因缘种子所生，彼但为境。”依上所说二种变义，第一是说能缘的心识心所，自然有力，其识上变起的相分，是从实在的种子生起的，就是因缘变。其次能缘的心识，若没有力量，不自然起，其识上所变的相分，又不是实在的种子所生，就名为分别变。虽然可说是假因缘，也有作用，但无实际作用。

三、能变的意义

前面二种变，只是说明怎样现起心识所缘的外境相。现在要说明能变是什么。《成唯识论》卷二云：“此三皆名能变识者，能变有二种：一因能变，谓第八识中等流异熟，二因习气。二果能变，谓二种习气力故，有八识生，现种种相。”这说能变有二：

（一）因能变义：一因能变，因即种子，又有二种：

一种是第八识中的等流习气；又一种是异熟习气。二是果能变，果即现行识。现在将此二种能变略为一释：

（1）等流习气：等是相似义，流谓相续义。谓每一事物的因果性，是相似相续的，就名曰等流。好像河水的流动，永远是相似相续地流着，因与果也是这样地相似相续地不断转变转换，而无间断。依第八识说，这是说吾人生生世世的生命流转现象。熏习成就的一种不灭坏而有实在势力作用的气氛，叫作习气。习气就是种子的别名。等流习气是指什么法呢？《成唯识论》云："由七识中善恶无记，熏令增长。"由前七识三性诸法为能熏，所熏的是第八果识，诸法各自在第八果识上，即生命上，熏成自类的种子，这种子就是能生起自果的名言种子。这种等流果的习气（种子）是亲因缘，是轮回三界的生命主体。这种等流习气，又叫作名言种子。名言种子又有二类：第一是表现义理的名言——种种名称言说，就是代表一一法的名称符号，是一切语言的基础，是社会上的种种关系的由来。人类思想的表达与交换，都是借名言来表示的，故名言是符号，用来代表事体和理性的，或是沟通思想的。吾人有了一种思想在心，必须借语言以表达，借与他人交换知识。用现代语来说：一切名称，是由于习惯上的使用，熏成心理上的一种意象，就成了名言种子。因是名言，能诠表义理的，所以说表义名言。第二显境名言：吾人认识所知的境界，在知识中的每一个观念，即代表一个境界，这个境界是从前七识上反映出来的。例如：先有黑板，前七识才能反映出这黑板的一概念，所以显境名言指心、心所法的现象与活动。总合这两种名言种子，叫作等流习气，因为是能变等流果的缘故。

（2）异熟习气：怎样名为异熟？异熟即是指果法，有三个解释：一变异而熟：因为一种法的本身转变而成熟为果者，异熟是指结果，即成熟的果报，由因转变而成熟，故名异熟。二异类而熟：因与果的类性不同，因是因，果是果，因有善恶的可记别性，果是无记性。假若在果法上可记善恶，则善永为善，恶永为恶，而没有生死流转，与涅槃解脱的果可建立了。三异时而熟：是就时间性的关系而说的，今生的因，不一定今生受果，受果或在未来世，或在后世，即因在此时，果在他时。因果异时，名曰异熟。什么是异熟习气？《成唯识论》云："异熟习气，由六识中，有漏善恶，熏令增长。"异熟是果，习气是因，异熟果的因，名曰异熟习气。有漏通善恶，善心所和恶心所相应的六识，都是有漏，就是未出三界的六识心、心所。我们流转生死的生命果报，都是从此六识习气所生，这就是生死的病根，学佛法贵在了知生死的病根所在，方能了脱生死。六识是异熟生性，因此而起的异熟的善恶心所的活动力，最强且能作业，故曰异熟习气，又叫作业种子。业就是一种行为造作，由业能引生果，曰业种。业种子又有二类：一引业种，是招引总报的，如人生之生命总体，由是能招感为人；二满业种，能招感别报的，各人有各人的别业所感，所以人与人之间有种种的不同点。

（二）果能变：吾人生命的现果，就是由这两种习气而变现起的。《成唯识论》云："谓二种习气力故，有第八识生（总报）现种种报（别相）。"这是说明在现行的果（生命）上怎样能变的道理。依《成唯识论》说："等流习气为因缘故，八识体相差别而生，名等流果，果似因故。异熟习气为增上缘，感第八识，酬引业力，恒相续故，立异熟名。"

这果能变的意思，就是等流果和异熟果能变，等流习气或名言种子，是实有故，为亲因缘，引生八识自类体相，种种差别的果法。异熟果的习气业种子，只作增上缘而感异熟果。在这两种果的现行上，又能起种种活动，熏变成种子，所以说果能变。又一种说法，谓此现行的果法，能变现见相二分或我法二执相，果即能变，名果能变。假若果不变见相二分或我法二相，就不会有我法二执了。由我法二执颠倒分别，再熏第八识，而成种子，为后世生命之因缘。

吾人之宇宙和人生，都是由这因果二种能变所变现的，能变的义理，很深很广，这里只是略说其大概而已。

第四节　能变的次第

前一节中，依了《三十论》的原颂，略略说明唯识学上的能变识体，其次第依原颂文和哲学上的次第，以明此唯识哲学次第。先依原颂说，是这样的：

一、异熟能变——第八识——本体论

二、思量能变——第七识——人生论

三、了境能变——前六识——知识论

我这次讲解三能变相的时候，是依了上面的次第解释的。不过去年在马来西亚霹雳州怡保市佛学社讲《八识规矩颂》，即是依了太虚大师的八识程序讲的。在槟城菩提学校讲此三十颂时，是先讲前六识，次第七识，后第八识。大师的八识序是先分流转门的杂染分与逆转门的清净分两类。杂染分中：

一、前五识┐
　　　　　　├知识论
二、第六意识┘

三、第八识———宇宙观

四、第七识———人生观

清净分即是转凡夫八识成为圣者的四智，次第是：

一、第六意识————妙观察智

二、第七末那识———平等性智

三、第八阿赖耶识——大圆镜智

四、前五识—————成所作智

大师在讲《八识规矩颂》时，他变更了玄奘的次第，大师说：

“在玄奘法师以前的古德，讲唯识都是直从第八识讲起的。玄奘法师为要将八识的次第，定为规矩，所以变更次第，先从前五识讲起。在这次所讲的次序，又稍变更一下，是从顺转和逆转讲的，但并不是无意义的变更，这在前面（见下引文）已略提出理由，不过现在还要将顺转逆转总起来说一遍。先就凡夫的心理为他说明无始以来的杂染弊病，使他知道病源，既找着了病源，在一般大愿大志的，不满足这有漏杂染的凡夫性，要求解脱安乐，并且不只是为自了，还要使一切有情都得到究竟，所以才又说到以后的清净分……”

这是大师将《八识颂》分成杂染、清净二分，先讲杂染后讲清净的意思。《唯识三十论》，初明唯识相性，即是广明众生顺转杂染分法，后明唯识位，即明圣者逆转清净分。在说明杂染分中的八识中，大师说：

“在顺转杂染分中，第一类明第六识，第二类明前五识，第三类明第八识，第四类明第七识。因为什么要依这种程序讲呢？因为人类平常能觉察得到的识，多半是第六识，如各种思想、感情等心理作用，这都是第六识的功用；这不只是佛法能说明，就是世界学术，也都能说到，但不能完全说明就是了。若单讲第六识，对于事实上，还有讲不通的，因为不是有意识分别，就有一切分别的境的，如第六识能分别青、黄、赤、白等，但若盲人，眼根已坏，不发眼识，就不能见青、黄、赤、白，那么意识就不能分别青等识了，所以第二类要明前五识，要前五识与第六意识，俱时生起现行，才能了别五尘境，如眼识同意识同时现行，就能了色尘相；耳识同意识同时现行，就能了声尘相；乃至身识同意识同时现行，才能了触尘相。但这所分别的五尘境，不是可以凭空造出的，要真有所对的境，才有所分别的相的，如我们现在大众都能见这个蒲团，是方的，这是形色；是黄的，这是显色。要在这个处所，真有这个蒲团，这时眼识和意识生起现行，才能分别，并且这所见的蒲团，是人家都能见到的，所以这不是凭个人识现的。前五识与第六识俱时所了别的六境相，既不是凭空而有的，那么，若不许在识外有境，这境又是依何识而有的呢？所以进一层地推论，要说到第八识。前五识所缘的器世间相，既不是前五识单独变现的，也不是心外的法，就是第八识所变的，所谓内变根身，外变器界，都是第八识变缘的相分。若能明白这识变的道理，知道无始以来，依业力引第八识，在业力的轨范中现成一期的根身器界，那么世间所谓‘自然界的一切万有’的论调，就推翻了（因为是业引识变的‘业界’而不是‘自然’）。从第八识的变现上说，本来是交互相遍，同类相似的。如现在我们同得人的第八识，于是我们大众能同见一种色，同闻一种声，不过虽同见色，同闻声，但甲所领受的境，未必恰是乙所领受的，只是相似便是了。第八识既交互相遍，同类相似，所以没有显然自他物我的隔别，但在有情的心境，却成反例，显然有自他物我的隔别，有了自他，于是就要以自我为中心，要求自我的保存，自我的发展，自我的殊胜，自我要驾乎他人之上，人人都这样，于是斗争不已。若单从第八识上说，既是交互相遍的，为什么又有自他隔别呢？所以第四类要说到第七识的功能。有情生命的成立，自我的发展，人格的表现，都从第七识中可充分说明。

“以上所说识的四种分类，在世间科学、哲学也有说到的。如哲学的素朴实在论，这是常识的。反对这常识而成自我唯心论，他们这派立论，说是一切境相都是由我的分别所现。这在佛法上说，也不过只依第六识一部分的功能而立。到科学发达，趋重实验而斥凭空玄想，要想获得确实的根据，真切的证明，才能存在，所以自然科学和哲学的新实在论，已是从第六识推到前五识了，自我唯心论，已被打破。但说到不拘前六识起不起现行，境相都存在的理，那就不是世间科学、哲学所容易推想到的了，这就要说到第八识所变的本质境，并说这本质境就是识的相分，这种深奥难知的理，正是世人难知的，也正是世人所迷的。因为不明第八识，于是有说客观的宇宙唯心论的，宗教家则说是神。客观唯心论说宇宙现起，是客观存在的精神所造，宗教家说宇宙是唯一的神所造。这两种的所说，都是不曾将八识完全说明了的迷执。若说只是普遍的精神，唯一的神，但怎样一切有情众生又有各个自我精神的差别；而在这各个自我精神差别中，又有各个不同的宇宙呢？从事实上看来，他们这两说都不通，所以非说到第八识，不能说明宇宙。也非说到第七识，不能说明有各个自我和自他隔碍的分别。若说有情的自我，是由神分开而成的，如果这样，那么不是神已分成各个众生而没有所崇拜的神了吗？其实这就是佛法中说的第七识的功能。从现代一般的科学、哲学、宗教上看，第八识、第七识大抵是尚迷而不知的。只于前六识，已可以说到一部分。在前六识中，第六识又比较容易观察，但他们迷而不知的那七、八二识，也正是最重要的，要明宇宙观，非明第八识不可。要明人生观，非明第七识不可。但因这两种微细难知，所以这次所讲的程序，不依原有的次序，只就凡夫杂染心上，顺凡夫的心理，以粗显易知的为出发点，然后一层深一层，说到深奥微细难知的，所以名顺转杂染分。”

《八识规矩颂》文原将八识作四类；而《唯识三十论》却将八识分作三类，即将五识与第六识合说为了别境识，这是分类的不同。还有一点，就是三十颂文，并没说到八识的清净相，只是充分说明杂染相。至于八识前后次第，我去年在马来西亚槟榔屿菩提学校，讲此三十颂时，是先讲了别能变的前六识；次讲思量能变的第七识；后讲异熟能变的第八识。这次讲解却没有依此次第，是照原颂次第解释的。今于此书中为了读者容易了解起见，乃变更一下三能变的次第：即先释了境能变识；次释思量能变识；末释异熟能变识。这和大师的意见，大体是相同的，只是他将讲宇宙论的第八识，讲在说明人生观的第七识之前，我却先说明人生观，次去探讨宇宙观。

第四章　了境能变识（知识论）

第一节　序言

一、知识的需要和范围

人类之所以为万物之灵者，有两点：一人类有智慧，能应用智慧；二人类能制造工具，能应用工具。这在人以下的动物，都不能有此二种特长，所以人类能统治一切，能战胜一切，能产生文明，能开发自然。这两种特点，总而言之，就是知识的作用。人在生活之中，必须追求知识，因为知识是人类生活的武器。在这时代之中，没有知识就不能生存。从人类的生活中可以产生文化，文化就是人类知识的结晶品。向来研究知识，在哲学上有所谓知识论，那是研究知识之性质的。研究知识的性质，就不得不求助于心理学。研究知识也有因研究人生与社会而涉及知识问题者，曰知识社会学。因此，有人主张研究知识要从三方面着手：（一）从哲学方面去研究；（二）从心理方面去研究；（三）从人类社会学方面去研究。张东荪的《知识与文化》一书，就是从这三方面做综合研讨的。

知识的范围很广，故佛曰一切智，或曰一切种智。依了现在知识论，则分别有常识的知识、科学的知识、哲学的知识、历史的知识。总而言之，都不外乎是知识，只是种类不同而已。佛学上讲知识论，广一点说，全部佛学都可以叫作知识。略而言之有二：一依知识方法论的因明学来说有三量，量的意思就是知识。三量者，亦曰三量智：（一）现量：就是现前的实证的知识，可以说是直觉的知识，这种知识，依前五识是现前的现行境界知识；依内心（第六意识）修证所证的境界，曰实证的境界知识，总曰现量智；（二）比量：因人类社会的复杂，自然界的无穷差别，吾人所知者有限，今若以已知者比推未知者而致知，曰比量智；（三）非量：即不正确的错误知识，换言之，就是对于客观的对象，没有切实地正确地认识清楚，似是而非的知识。这三量第一是哲学的，第二是科学的，第三是常识的。二依世出世间说则有八种见，“见”或曰“知见”，也就是八种知识。

八种见者，《俱舍论》云：“谓身见等五染污见，世间正见，有学正见，无学正见。”[①]这里五染污见，染污是不清净之意，即是不正确的错误知识。（一）身见：梵语曰萨迦耶见，“执我及我所是萨迦耶见。坏故名萨，聚谓迦耶，即是无常和合义；迦耶即萨，名萨迦耶，此萨迦耶即五取蕴，为遮常一想，故立此名。……但于我、我所执标此名者，令知此见，缘萨迦耶，非我、我所，以我、我所，毕竟无故。如契经说：苾刍当知！世间沙门、婆罗门等，诸有执我，等随观见，一切唯于五取蕴起”。（二）断见：就是固执一面的知识，“即于所执我、我所事，执断执常，名边执见，以妄执取断常边故”。（三）邪见：就是否认事实真理的知识，“于实有体苦等谛中起见拨无，名为邪见。又一切妄见皆颠倒转，并应名邪，而但拨无名邪见者，以过甚故”。（四）见取见：“于劣谓胜，名为见取。有漏名劣，圣所断故，执劣为胜，总名见取。”（五）戒禁取见：“于非因道，谓因道见，一切总说名戒禁取。如大自在，生主或余，非世间因，妄起因执。投水、火等，种种邪行，非生天因，妄起因执。唯受持戒禁，数相应智等，非解脱道，妄起道执。”（六）世间正见：就是人类的各种正确的不错误的知识。“世间正见，谓意识相应，善有漏慧。何故世间正见唯意识相应？以五识俱生慧，不能决度故。审虑为先，决度名见，五识俱慧，无如是能”。（七）有学正见：有学即初、二、三果圣者，这些圣者“身中诸无漏见”，即是无分别智与后得智，名为有学正见，因为这是他们的亲证的境界知识。（八）无学正见：无学就是第四阿罗汉果人，他身中的无漏见，名曰无学正见。此中八种见，前五种是非量的知识，即是常识上的错误知识；世间正见，是通现、比二量的知识，就是科学的、哲学的知识；后二种是实证的知识，是真现量智。

二、知识是怎样来的

要说明这个问题，我们应先知道：“知识有四种：一能知，二所知，三知的作用，四知识。”[②]这四种假若依唯识说：能知就是心体见分，是能量；所知就是见分把观察的相分境，是所量；识的作用就是行相，就是量时的心的活动；知识就是量果。依据西洋传统的知识论说：偏重于心理学方面，只注重在“知识的作用”；如果偏重于哲学方面，则注重在“能知”；如果偏重在科学方面，则又注重在“所知”。似乎这三方面都不以知识做起点。最近西洋学术界中发生了一个新的学问曰：知识社会学，就是要从社会学中去研究人类的知识，想把知识独立，即是与“能知”“所知”并立而存在。如怀特海德（A.N. Whitehead）之命题独存说即是。但是传统的知识论，是处理“知”与“所知”之关系，也就是去探讨知识与对象相关与否的问题，从这问题说明知识的效性。唯识学说一切所知境界皆唯识有，皆不离识。识是能知，一切境界是“所知”，一切境界，皆不离识，就是说明了“知”与“所知”的关系了。现在讲知识社会学的人，是设法“将‘知识’从‘能知’与‘所知’两端中抽离出来，认为是第三种的存在者”。他们以为非如此不能达到建立真正的知识论的目的。他们认为“知识是一个结果”。唯识似乎只是说明能知与所知之间的关系，显其能知的识体之作用而已。关于知识是一种结果，在佛学上说：“根”是能知，“境”是所知，根境为缘能生于识，故“识”是根与境所产生的结果。在唯识学上还有“量果”之说，谓量果（知识）是从能量（能知）所量（能知）中产生的结果。这量果是有体法的，是存在的。不过，唯识学上特别注重说明关系一点罢了。

“知识”既是一种结果（量果），这结果必有产生的因素，就是说知识是怎样来的。说明这一问题，是很费辞章的。大略言之：“知者（能知）按知的作用，发生于所知，以产生知识。”由此，可知知识是一个综合的产物。譬如唯识上说眼识等，由九缘所生。“知”的综合，“谓某一个对象上各种呈现的因素之综合，即某一思想中之诸特殊分子之综合，借‘知’之综合各种复杂之心理学单位，如知觉、观念，及概念（受想等），于是产生矣”。由此说，“知识的根本作用，就是综合，概念就是综合的结果。所以分析不是知识的根本目的，乃是达到综合的手段”。这好像是法相与唯识对立一样，综合是缘起性、是唯识义；分析是缘生性、是法相义。分析法相是为证知缘起唯识的真实性而已。“且‘知’既是综合先于分析，所以在知识上，则是幻多于真，所求的真理并不是积极地发见真实，乃是消极地破除幻误，人类的知识乃是不断地制造幻误，又从而解破之。”佛学中“此有故彼有，此生故彼生”是先有“此”，而后有“彼”的。在“此”上是综合的，在“彼”上是可分析的。因为人类不能了达这缘起性，故一切知识皆落于“虚妄分别”而不能证入真理。真理或真如性，是永远如此的，只要破除妄执就能显现了。

讨论知识的性质，必须说明概念，因为“知识是以概念为始”的，因为必有概念方有知识。依心理学的作用说，概念以上的心理作用，是知觉。因为概念的构型，是以知觉的构型以及记忆的构型为根底。心理学家斯泰司说：“吾人不能说出心如何与为何而构成概念。然其构成概念，则为一最终之事实。概念构成系思想之基本性质，此为吾人所发见，且应虔诚承认者也。”（见《知识与社会》）

由此观之，概念是知识的所依，这概念英文为conception，就是唯识上所说的“想”，英译曰perception。“想”在唯识上说是“取像为体”，前面说概念是依知觉而有，是有基型的，所谓基型就是取像。概念怎样依知觉而有呢？心理学家说：“知觉”都有“整形的组织”，这整形的经验，所以在心上留下界域的影像。这影像是极模糊的，只是个轮廓。由知觉使这整形的轮廓基型化之后，就成为概念了。“所以概念的发生是人心自然倾向。由知觉而发展到概念，是一线相延而顺进的历程，概念与知觉并非两物。故每一概念必须潜伏一形相。”这是从知觉到概念的历程。概念的构造除知觉的基型外，还有语言，即是名言，唯识论上说想是安立名言的，论云：“想谓于境取像为性。施设种种名言为业，谓要安立境分齐相，方能随起种种名言。”[③]这是说想有两种特性：一是对境取像，二是起言说。言语本来只限于表示愿望与感情，经过发展，言语成了代表概念、知识、思想的符号。因此，佛学上之言语与名称符号，总曰名言，多以表示知识思想，而“知识思想无不寄托在概念上。可见概念之形成是由于两方面：一是由于知觉之基型化；二是由于表示之符号化，两方一挤则概念乃生出来。在知觉一方面是有影像之泛形，在概念方面是有附属在言语上”[④]。此种说法似乎和唯识是相反的。以唯识说由“想”（概念）而施设名言；而此则说概念（想）是由言语所生。其实，在知吾人之所以能施设名言者，是因为有名言习气，这名言习气，就是想象所产生（概念）的基本因缘。所以说“概念之构型，确都隐然为知觉的构型所左右”。这里知觉即是唯识上所说之“触”。严格地说，只限于根与境二者之接触。一一名事的概念（想），都是从“触”产生。由此，应知概念都由知觉而产生；吾人建立一切名字言说，而沟通彼此之思想知识。概念在唯识上亦说为“意言”；休谟说为“意念”，他说：“意念是知觉淡了而后变成的。”其实，不是知觉淡了始变为概念，乃是知觉一旦离了原来所依托的对象，便不得不附在另一个东西上，不然概念就腾飞了，无影无踪消灭了。他所附隶的那个东西，必须具有形与音声等，换言之，知觉一超越了其现实的对象，则必变为概念。同时概念只是一个心影（意言），是不能久住的，必须有他种依托，其所依托的就是符号的名言。附一表如下，以见大意：

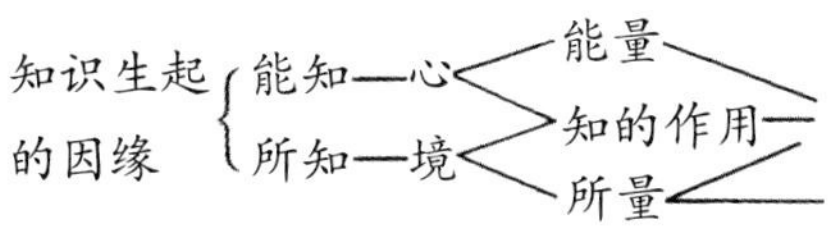

知识（触）—概念（想，意言）—言语符号（名言）—知识

——————————————————————（量果）

知识产生的过程

三、知识与八识心品

论知识之产生，有能知、所知及知的作用。这是知识论的整体、基础。唯识学上三类八识，心王心所，仔细说来，都有这三方面。但是，在八识心王中阿赖耶识的能知、所知及其知的作用（行相），都是不可知的，它虽是存在，起作用，只能从推比量上或圣言量上来证。虽然它是生命的所依、所托，而好像和我们的日常生活是漠不相关的。至于第七末那识，实在就是第六意识。依唯识说第七识只是向内思量执我，是我相的主体。此识虽有能知的恒审作用，也是无法可以知道的，所知即是第八见分，非是意识境界。它的作用是“思量有我”。这所执我，不是第六意识上的我。因此我执相在唯识上有两种，即第七所执我与第六所执我。如果定是如此，“我”是有双重的我性了。这问题这里不讨论，这里需说的，是第七识的能知、所知及知的作用，也是极难了知的。而真正能了知一切现象界，真能建立知识基础的，如知觉（触）、概念（想）、思想（分别）、言语（名言）等等，都是前六识（特别是第六意识）上的事，而不是七、八二识上的事。若依据阿含经教，根本否认七、八二识的存在；依大乘经虽是实有其物，而却是不可知。故七、八二识，只能是知识的依止，而不能直接产生吾人之对现象界之观察认识、思想、分别。前六识，依止根（脑神经机能）与境（现实对象），却能产生知识。

复次，前说“知识”也即“量”或“见”或“知见”。依知识的种类中的三量来说：第八识虽是现量（知识）而不可了知；第七识在未入见道前永是非量。换言之，是在现世间中永远是错误的知识，而这种错误，依不染污无知，或恒行不共无明或所知障说，是不能解脱生死障的；眼等前五识，是现量境界知识，是直觉的、经验的知识，是产生思想知识的胜增上缘；第六意识是通三量的，它（意识）所有的哲学经验或实证境界，或随五识观察对象是现量境界知识，可说是宗教的和哲学的知识。意识若执着有无，颠倒事实，迷惑真理，就是非量境界知识，是普通常识的错误知识。意识若依现前事实正理、推度、分别、思维、抉择，就是比量境界知识，就是世间正见，亦即是科学的知识，及非错觉的常识知识。次依八种见说，初五染污见中，第一身见是通六、七二识的，余四染见唯是第六意识上的，世间正见，论说意识相应慧，当然唯属意识。次二种无漏见，依阿含教说，当然即是意识相应的无漏慧。大乘之说可以通无漏八识王所。

复次，依善、恶、无记三性说：七、八二识唯是无记，不起强性作用。故吾人之作恶行善，起心动念，不是七、八二识，而是第六意识，故云：“动身发语独为最。”所以一切知识思想，都依第六意识而为主体。

复次，依心所法，即依心理作用与情感来说：唯识学说心理的各个单位（心所）共五十一种，这五十一种除了前二类（遍、别）是就心理作用或所观察特别对象而建立外，其余的是就伦理观点上建立的。五十一心所法，八识之中，第八识在因位只有五种；第七识只有十八种；前五识只有二十四种；唯有第六意识完全相应。故云：“相应心所五十一，善恶临时别配之。”应知心所相应广，知识才会广博而复杂。

以上是说明“知识”与八识心王心所的关系，明吾人之知识是属于意识的。在唯识学上似不注重讨论知识问题，而主要的是探讨和说明能知和所知的关系一点上。在此中又特别说明“能知”即三能变识，因为唯识主旨在这心外有独立存在的境界。其次唯识思想是建立第七、八二识，以示别于原始佛教，并依此而建立因果律，从伦理学上着重而求得解脱。

第二节　本颂与大纲

次第三能变　差别有六种　了境为性相　善不善俱非

此心所遍行　别境善烦恼　随烦恼不定　皆三受相应
初遍行触等　次别境谓欲　胜解念定慧　所缘事不同
善谓信惭愧　无贪等三根　勤安不放逸　行舍及不害
烦恼谓贪嗔　痴慢疑恶见　随烦恼谓忿　恨覆恼嫉悭
诳谄与害憍　无惭及无愧　掉举与惛沉　不信并懈怠
放逸及失念　散乱不正知　不定谓悔眠　寻伺二各二
依止根本识　五识随缘现　或俱或不俱　如涛波依水
意识常现起　除生无想天　及无心二定　睡眠与闷绝

将此第三能变识颂表列如下，以示大纲：

- 了境能变识
  - 能变差别——次第三能变，差别有六种。
  - 自性行相——了境为性相。
  - 三性分别——善不善俱非。
  - 相应俱受
    - 列六名位——此心所遍行，别境善烦恼，随烦恼不定。
    - 受俱分别——皆三受相应。
    - 重明六位
      - 遍行——初遍行触等。
      - 别境——次别境谓欲，胜解念定慧，所缘事不同。
      - 善——善谓信惭愧，无贪等三根，勤安不放逸，行舍及不害。
      - 烦恼——烦恼谓贪嗔，痴慢疑恶见。
      - 随烦恼——随烦恼谓忿，恨覆恼嫉悭，诳谄与害憍，无惭及无愧，掉举与惛沉，不信并懈怠，放逸及失念，散乱不正知。
      - 不定——不定谓悔眠，寻伺二各二。
  - 所依——依止根本识。
  - 五识俱不俱转——五识随缘现，或俱或不俱，如涛波依水。
  - 意识起灭分位——意识常现起，除生无想天，及无心二定，睡眠与闷绝。

第三节　根境识与感觉（知识的所依）

次第三能变　差别有六种

第二能变之后，次说第三（今初）能变，共有九颂。第三能变是了别境识，所以名了别能变。此了别境识不止一个识体，故云“差别有六种”。虽然体性的差别有六种，而皆是了别外境的，即是向外门转的，故同得了别境识的名称。六种者：谓眼识、耳识、鼻识、舌识、身识、意识。识必依根而缘识故，所以名眼识等。

了别境识
- 眼识——依眼根——了别色境
- 耳识——依耳根——了别声境
- 鼻识——依鼻根——了别香境
- 舌识——依舌根——了别味境
- 身识——依身根——了别触境
- 意识——依意根——了别法境

六根发六识，在心理学上说：“是‘有机感觉’产生活动，是有机体认识世界的活动，是使用机体，能用智识应付环境的活动。”这也叫作个体观察现事的方法。这方法有两种：一是根据感官而观察；一是根据观察而思考。或者一面观察，一面思考[5]。就五根与第六意识的作用，在生理学上说，感觉机体有二种：一是感觉器官，即唯识学上之扶尘根；一是感觉神经，即是四大种所造之净色根。

依生理学上说："每种感官都有一种富有感觉性的计力器，与计量器的寒暑相似，各种感官真正感受的部分都看不见，却深藏在感官内部。感受气味的器官，深藏在鼻的内部；感受声浪的器官，不是我们看得见的耳，乃是深藏在头骨的'内耳'；感受其他刺激的器官都是如此。那么，感受性是如何表现呢？每种感官皆有一种感觉神经，使感官与神经中枢得直接连接，感官与身体其他所有部分得能间接连接，感官没有接连的部分，对机体都不发生影响。感官内神经分散为无数极细密的小枝。在耳、目、口、鼻内，尚有特殊的感觉细胞专门感受特别刺激。此外多数的感官还备有一种辅佐器官（扶尘根），辅佐刺激在感觉神经及感觉细胞上发生较大的效力。例如我们看得见的耳朵，便是辅佐器官，辅佐声浪传达到听觉细胞的所在。其他如眼、鼻、舌都是如此。

"感官都是接受的器官，所以又叫作受纳器。受纳器分为三大类：一为外在的，一为内在的，又一为中间的。外在的接受外来的刺激；内在的接受内发的，如口、喉、食道、胃、肠、及肺等；中间的受纳器依附在肌肉、腿、关节内。又耳、目、鼻之三种外在受纳器因所接受之刺激不与机体接触而远在别处，得称为距离受纳器。”这即是说明佛学上之五净色根与扶尘根也。因为这些是现实的，所以现在科学研究，有时比佛学精细。这《俱舍论》《大毗婆沙论》《顺正理论》里，有五官组织效能等详细说明[⑥]。

依《俱舍论》说：根有增上义、自在义、光显义。增上者：谓根能发识，能助识生了别作用。如论所说六根各有四种或二种增上[⑦]。自在者：根的本身发识的自在功能。光显者：根对境有见性、有光明，能见色闻声等。所以论说：能见者是根[⑧]，能了别的是识。究竟是根见色或是识见色，《俱舍论》中有详细的诤论[⑨]。

又根对境有五种特别功用：（一）根能发识。（二）识必依根，如眼识依眼根，耳识依耳根等，各别依故，这叫作不共依义。这是就五识未转依位说。若到了已转位，五根就可以互相发识了。（三）根能助识。（四）识属于根。（五）识如根，谓如根能见，识也能见，又如根见青色，识也如根了别青色。根是识的所依，眼识等是从所依的根得名，所以名眼识等。也可从所缘的境得名，即可名色识、声识等。故生理学依对象立肤觉、味觉、嗅觉、听觉、视觉、知觉，就是从境上立的。因为所依缘，都是眼等识生起所不可缺乏的一种缘（条件），此与境都是色法（物质）。这是能生识的基本条件。其实不止此二者，如眼识生起应有九种缘，根境之外还有光明、空间、种子识（是阿赖耶本能）、分别识（意识）、染净识（善恶念即第七识），依了这许多缘才能生起眼识来；耳识只需八缘；鼻、舌、身缘境要七缘。那么识的生起，即是依缘生的则无自性，是假有的。还有一义，即我们的眼和耳，都各有两个，这是为什么呢？一说是为美观，其实是为使缘境特别分明，见色闻声，这对人生关系真是太重要了[10]。这眼耳的根与境必要距离（生理学说为距离感受器）才能发识，合在一处即不发识了。鼻舌身则必要与境和合(非距离感受器)才能生识。故《八识规矩颂》云："合三离二观尘世"，就是这个意思。至于意识观境就广泛了。此六种识（识即觉义），在生理学总说八种感觉。八境之中肤觉、肌觉与有机感觉，即是身根识，味觉即舌根识，嗅觉即鼻根识，听觉即耳根识，视觉即眼根识。知觉在生理和心理学上，总曰观察。观察即分别意，有注意与知觉二种作用。因为"感觉使我们知道压力、温度、动作、味道、气味、颜色、声音，但我们所认识的世界是由具有特性，彼此牵连的物结构而成的。感觉不能使我们认识这些物。认识物不仅接受由物来的刺激，且需要有别种反应。观察即利用感觉以认识物的历程。观察有二段：一注意，二知觉。注意即作意，知觉即认识，即是了别或分别。如云：知觉是识别晓谕的意思。但‘识别’‘晓谕’皆含有知觉的结果，未能表达知觉的历程。知觉的历程，为知道现诸感官前的事物之活动”。依佛学说，即第六意识。今以八种感觉与六种根识列表如下：

感觉	肤　　觉	身根识	六根识
	肌　　觉		
	有机感觉		
	味　　觉	舌根识	
	嗅　　觉	鼻根识	
	听　　觉	耳根识	
	视　　觉	眼根识	
	知　　觉	意根识	

第四节　六识的三方面

此中所言六识的三方面，就是指六识的体性、行相、善等三性。“了别为性相”：了谓了别，就是认识，辨别境是对象，即外所缘（六境）的现象世界。这六个识都是以了别为体性的，也是以了别外境为行相（作用）的，所以二者合说。

“善不善俱非”：这是说六识的性质，颂中“俱非”即是指无记性。六种识都是通三性的，《八识规矩颂》也说“通三性”的，所以六个识都是有善恶无记性。因为我们六识观察思考这世界，有时有爱，有时有憎，有时却是平庸的，因此有三种情感。从此三方面，知道六识与七、八二识不同。从体性说：六识是了别的，七、八是非了别的。从行相上说：六识了别易知，七、八则不可知。从性质上说：七、八二识都是无记的，这六识是善恶无记的，所以前六识是最重要的。六识中又是以意识为中心，为强有力的心识，作善作恶全在意识。

第五节　六识的心理与感受

一、心所总说

“此心所遍行、别境、善、烦恼、随烦恼、不定，皆三受相应……”从此以下有六颂是说明六识相应的心所有法。心所就是心理作用现象，如贪欲、信仰、嗔怒、情感等等。六识相应的心所最多，五十一种没有哪一种不与六识相应。因为我们认识观察这现象世界，全是六识上的作用。心所法在唯识论中总计有五十一种，总分为六类，故说“六位心所”。此中前三句是总说。“此”字是指了境能变识，心所译意为“属于心的东西”，即心所有法。心所有法分为六，其数如表：

六类	(一)遍行心所五 (二)别境心所五 (三)善心所十一 (四)烦恼心所六 (五)随烦恼心所二十 (六)不定心所四	五十一心所

不过严格地分析起来，前五识相应的多少有不同；唯第六识具此一切心所有法。《八识规矩颂》说："相应心所五十一，善恶临时别配之。"一个人发善心时，是善心所相应起作用。动恶念时，是恶心所相应起作用。那就是因为当时的环境而引起意识上的反应作用，临时分别配合，就是指外境界的。这种不同的心所，就是不同的心理的个别作用。

二、受与情感

"皆三受相应"：是明了境能变识与环境的接触关系，因为一接触即发生感受作用。吾人之感受，是因为外来的环境不同而有差别的。这六个识又是共同认识现世界的，对于现世界的认识，一与外境接触，心理上便发生愉快或不愉快的心理。或者某件事发生了，心理上感觉痛苦或快乐，或愤怒或悲愁等。有时也会发生中立的心理状态。

这些状态在心理学上是情感，所以受即情感作用。因此，六识心王心所，皆可能与苦、乐、舍三受相应，而前面的第七、八二识却只与舍受相应。这显示七、八二识是潜意识，而无情感或情绪之反应。又前二识是向内缘的，不是外门转的。此前六识不然，它们是特向外门转的。

三、广明心理作用（六位心所）

此下将六位五十一个心所的意义，加以说明：

（一）遍行类

“初遍行触等”：六类心所中，第一类是遍行，就是触等五个心所。遍行之义，今略言之。《唯识论》云：“一切心中定可得故，名曰遍行。”谓一切性、一切地、一切时、一切俱。一切性即三性，一切地即三地，谓有寻有伺地、无寻无伺地、无寻唯伺地。欲界及初禅天，是有寻有伺地；二禅以上无寻无伺地；初禅与二禅的中间，曰中间定地，就是无寻唯伺地。别境心所虽遍一切性，一切地，而不遍其他；烦恼与随烦恼全不遍，不定心所唯遍一切性。

释五遍行所：谓触、作意、受、想、思。

（1）触：触是接触之义，谓两个以上的东西互相接触，接触就会发生变化。《成唯识论》说：“触谓三和、分别、变易。”三和，即是根、境、识三法和合为一而不相离，由此和合即会起感觉作用。又和合不离即触义。一切心、心所法的生起，都要靠此触心所的作用，假如外境是花，由眼根（视觉）视之，于是产生花的认识，这认识是不离那根与识的组合。由此，说明三法和合。分别，唯识学说由此三和而生一切分别心，由分别而有种种变易，故云分别、变易。《成唯识论》云：“令心、心所触境为性，受想思等所依为业。”吾人思想变化之不同，都为环境不同所使然。因接触环境不同，故影响及思想不同。对外的一种任何接触，都会生起一种心理反应来的。这触是一切心所依处，就是说要先有接触，方生其他的心理。所以触的作用在心、心所缘境上，是很重要的。根、境、识三和，如图：

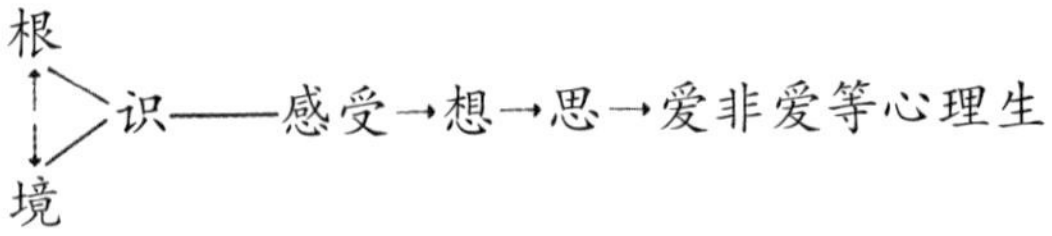

（2）作意：即心理学之“注意”。《成唯识论》云：“谓令心警觉为性，于所缘境引心为业。”对于接触到某种境界时，使心生起注意，常自有其警觉性。又如做事的要谨慎心，参禅念佛要提起话头，这些都是警觉的意思。有作意的心理，能使吾人之心念专注到所缘的境界，而不敢大意。

（3）受：受“谓领纳顺违俱非境相为性；起爱非爱为业”。此即生情感，谓接受顺境、逆境或平凡境。接受顺境是可爱乐的境，于自有利益者，令心生欣喜。接受违逆境是不可爱乐的境，于自有损害者，令生厌恶。“俱非”，是指那非可爱非不可爱的平凡境界。这受心所就是心理学上所说的感情的领纳，靠外在环境的美满与否，而定其苦乐，在内心上起一种顺违俱非的感受变化。

（4）想：想“谓于境取像为性；施设种种名言为业”。这是在接触某种境之后，对某种境所加的度量（基型化）。于是某种境界，心理先有了个安排，就是取了一种想象模样，即是概念，再进一步对它安立一种名称言说，来代表你意象（概念）的那种种物的实体。人间世的事物名称和语言，都是从这一心理上所创设的。

（5）思：思“谓令心造作为性”。造作即活动，如俗云：“三思而后行。”可见思是思动或活动义。一切心、心所法的动作行为，都要受这思心所的推动，所以说思心所为行为的善本。“于善品等，役心为业。”役是主使，即支配义，我们举心动念，都被这思心所所主使所支配。善品等，取恶品等，谓对于善恶两方面的行为上，这思心所可以驱役我们的心理去动作。

这五个心所法，本义虽如此解释，但其活动的作用之强弱，就要看相应的心所如何而定。这五种心所，若第六意识相应起时，活动力是最强的；若与第七与前五相应时，作用就不十分有力了；若与此无覆无记性的阿赖耶相应，最为劣弱，因为第八识本身的行相尚不可知，何况这五个相应心所呢？

（二）别境类

次别境谓：欲、胜解、念、定、慧，所缘事不同。

这是明第二类心所。怎样叫作别境呢？颂说："所缘事不同。"五个心所各有各的所缘境界，故云别境。《成唯识论》云："缘别境而得起，名曰别境。"

（1）欲：欲是欲望，《成唯识论》云："于所乐境，希望为性。"就是对于所喜欢的事物，有希望和欣求之念。此有善有恶，善的如发菩提心，希望成佛和度众生，就是此欲。此所对境就是所希求爱乐的境，悉欲易了。论云："勤依为业"，有了欲心即可精进不懈。

（2）胜解：就是最殊胜的无怀疑的了解或认识。如论云："于决定境印持为性；不可引转为业。"印即认定义，持谓持取，心理上对于某境界，认定而能持取之，如是就不会被人引诱转变。例如有宗教信仰的人，他对于自己所信仰的宗教认识了以后，是不会被人转变的。这种境界叫作决定境，这类知识叫作胜解。

（3）念：明记不忘义。《成唯识论》云："于曾所习境，明记不忘为性；定依为业。"曾所习境，就是过去曾经经过的境界，在脑子里有了很清楚的印象而不忘记，这种心理曰念。念是定所依止的，定是依念所发生的。

（4）定：译义等持，是心非常寂静平等的现象，并不是一念不生，也不是乱想。西洋人译此曰精神集中，就是思虑要归一，是专注一境而不移动。《成唯识论》云："于所观境，令心专注，不散为性；慧依为业。"定心必有其所观之境，所观无二，念注所观，即是定。从定发慧，故云"慧依为业"。

（5）慧：《成唯识论》云："于所观境，简择为性；智依为业。"简择有简别、抉择、推求三义。人生、社会、行为、事业，都是这智慧心所观察的境界。对于功德、过失等项，有简别力和抉择力的才是慧。有智慧的人，不随人云亦云，全凭自己的观察力去抉择。此中所言慧是通三性，非无漏慧。

（三）善类

善是定义，就是要于此世他世有利益者，才叫作善。所言善心所者，谓唯善心中而得生故，名曰善心所。

此有十一：

（1）信：谓信仰，就是心理的归趣、热情、力量。信有三种性：曰乐，就是爱乐；曰欲，含有企求的意思；曰心净，谓心不杂乱、不染污。信心的差别，就所信仰的对象说也有三：一信有德者，就是阿罗汉、佛、菩萨等圣者，乃至世间有道德的人。二信有实者，就是实事实理的因果性和理性。三信有能者，能谓才能或技能，或能力，如通达五明学术的人，能做利人利世事业的人，于此尊敬信仰。有了如此的信心，心理即能安定，亦能清净。

（2）惭：谓依自法力，崇重贤善为性。

（3）愧：谓依世间力，轻拒暴恶为性。

这两种心理能养成自己的高尚人格。惭与愧不同，惭是反省自己的自觉能力，为了充实自己，常虚心而尊重贤善。愧是依世间的社会力量，因为作恶社会要批评，故心愧而止恶。惭愧二法，有共同的作用，普通所说的羞耻，是此二法的通相。

（4）无贪：无贪就是对世间法中不论哪一方面，都没有贪着、贪求之念。

（5）无嗔：就是对痛苦和痛苦之来源，能了解能忍受。故对一切环境的恶劣，不怨天不尤人，不动嗔恨。

（6）无痴：就是明白事理而不愚蠢的心理。

（7）勤：勤即是向上进取。论云：“谓精进，于善恶品修断事中，勇悍为性。”即做事用功，毫不懈怠。对善法要修学，对恶法要断除，这勤的心理纯粹是善性的。要有益社会人群的事业才叫作善法，善法要慢慢地学习。恶法者，谓损害别人的事情，如使他人精神上不安，或使他人生活上痛苦，或令人生诸恐怖等，都是恶法，都要勇悍地去断。论云：“满善为业。”由此勤勇的关系，能使善法圆满完成。

（8）轻安：这心理要修定才会有。轻是轻快，安是安乐。有身轻快和心轻快两种，与粗重心理相反。论云：“远离粗心重调畅身心，堪任为性。”粗重即内心的沉重，如事情多的人，又没有佛法的修养，什么都放不下来，好像担负了担子一样，心理时常有烦恼有痛苦。若有佛法修养的人，其出发点是无我，大公无私的。又有禅定上的修养，所负的责任虽重大，心中亦当轻快安乐，身心自能调和，生活应知时知量，则得身心舒畅，可能担当重大的责任，做利人的事业。若不能调畅身心，则不能获得轻安。轻安是对治惛沉的，有了惛沉，则不能修禅定。论云：“对治惛沉转依为业”，转依就是转粗重的身心。对治是调伏，使粗重的身心转成为安适愉快的身心，所以有轻安心的人，可说是修定入了门。由此修定可以断烦恼，得解脱，故属善法。

（9）不放逸：唯识论云："谓精进三根，于所断修，防修为性。"放逸与放荡相似，是没有规律的生活，没有正当的工作，不能使心意安定下来，不放逸与此相反。这心理是无自体的，即是精进与无贪三根的总和合体。在断恶防恶上起作用，就是不放逸的心理。故论云："对治放逸，成满一切世间出世间善事为业。"

（10）行舍：行是五蕴中的行蕴，行蕴中的舍，故名行舍。因为舍可通受蕴，受蕴中舍，名曰受舍。此中简别受舍，故名行舍。《成唯识论》云："令心平等、正直、无功用住为性。"这里用三个意义，明行舍的特殊性，这种心理非有好的修养不能得到。平等者，即不为外境八风所波动；正直即内心上无歪曲的计谋，故云："直心是道场"；无功用住者，就是平常心，有人问一祖师曰："如何是佛心？"祖师曰："平常心。"不加一点功用心理自然安住寂静。这样平等、正直、无功用住的心理，就是叫作行舍。这心理的体性，是精进与无贪等三根，于修止观上起作用。论曰："对治掉举，静住为业。"掉举即是妄念，修禅定之障，故行舍为修观之入门，修禅定第一要不惛沉，故修轻安心；第二要不掉举，故修行舍心。

（11）不害：不害即不损恼他人，不使他人精神上、生活上、身体上受痛苦，故名不害。不害心理，不但不做损人的事情，连损害人的心也不起，这是在无嗔善根上假立的一个心所。内心上有此心理生起，不但不害于人，同时还有悲天愍人的心。如今日之天灾人祸，我们对此起悲愍，就是不害。无嗔能予人快乐，即是大慈。不害能拔人痛苦，即是大悲。大慈大悲是为善心所之极。

十一善心所中四法（轻安、不放逸、行舍、不害）是假，依别法为体故。其他七法是实，有自体性故。

（四）根本烦恼类

根本者，是指这些心理为主要的心理，还可以产生别种心理现象，此烦恼有六：

（1）贪：贪谓贪欲，即于现世间、现社会的种种生活物欲起贪着的心理。广言之，对三界法贪着皆曰贪欲。论云："有、有具染着为性。""有"即人生社会；"有具"即社会中的种种资生物质，对于此等贪着不舍曰贪，如"贪官"之心。这在普通社会看来已是太过，若依佛教说，吾人对此人生社会，万恶环境，要赶快地离开，不再堕入其中。或者去努力改造这个环境，决不可染着。因为有了贪心，就会产生一切痛苦。

（2）嗔：谓对人对事，有不如意者，憎在内心，恚发心外，对苦的现状和苦的原因，都憎恨别人，而却不反观自省。论云："不定稳住，恶行所依为性。"有嗔心不但生活不安定，生命也不安稳，一切恶行从此而生。

（3）痴：就是愚痴、无智慧的意思，又名无明。论云："于诸事理，迷暗为性。"于诸现实道理糊涂不明，盲人瞎马。论云："一切杂染（恶法）所依为业。"此与无痴相反。有此心理，即有一切染法。

（4）慢：就是贡高我慢的心理。论云："谓恃己于他，高举为性。"仗着自己的权威、势力、富贵、聪明、知识等，以为自己出胜于人，而内心上起一种卑视他人的心理。论云："于有德者，心不谦下。"一有这样的心理，同时也可以妄造诸恶，轮回无穷。又自认为满足，学问道德，当无进步了。

（5）疑：疑是怀疑、不信任义。论云："于诸谛理，犹预为性。"犹预即不决定。谛理是四谛的真理，即世出世间的因果律。有了犹预，就狐疑不信，能障一切善法生起。

（6）恶见：这见不是眼见的见，是内心上或知识上的见解、知见，或名观察。恶是不善、不正确、不合理、不合事实的意思。恶见就是不合事理的见解，所以说为恶见。有五种：一萨迦耶见，译曰有身见，即是我身。因此，《瑜伽论》也名此见为"总执我"。二边执见，依身起的，执常或执断，执常的以为此身死后有我存在，这死不过是换身体，如旅客之转换旅舍，执断的以为死后便一切都幻灭了。三邪见，谓不信因果道理，毁谤因果的作用和事实。四见取见，执着自己的见解为正确，有了此见，就会固执，我是人非，我正你邪，我有是处，余无是处。此见为一切斗争的出发点。一味深执我是——其实不合理——故成了恶见。五戒禁取见，执自己所守的戒律是最胜的，是可得涅槃解脱的。如印度外道的一切苦行戒条，都是不契事理的，不合解脱道的，而却以为是正确的，是解脱之道，所以成为恶见了。

此五种见，论曰："于诸谛理，颠倒推度，染慧为性。"推度名见，颠倒的推度，错误的认识，就是不清净的智慧呀！

以上六种根本烦恼，由恶见开五种，即成十种根本烦恼。前五是迷事实的，名五钝使，又名思惑，又名修惑，即是实际生活经验上的病态心理。后五是迷理性的，名五利使，又名理惑，又名见惑，就是知识上的病态心理。依小乘说：入初果十六心见道时，顿断见惑。从初果见道后，至第四阿罗汉道，都名修道。在修道中断八十一品修惑，见惑只要觉悟真理就能断除。思惑就要在生活上、事实上慢慢地修习炼磨，才能断除。因此这五种是很深重的心病。依大乘说：证入初地即断见惑，从初地见道后，中经十地，到金刚道后心上，都是修道位摄，渐次断此修惑。怎样修断，唯识位中，再行详说。今列一表如下：

- 根本烦恼
  - 生活上的心理：贪、嗔、痴、慢、疑——迷事的——修道所断——五钝使
  - 知识上的心理：身见、边执见、邪见、见取见、戒禁取见——迷理的——见道所断——五利使

这十种烦恼，有俱生、分别起二种：俱生是先天有的，心理学曰本能的；分别起的是后天有的，心理学曰学习得来的。此中的疑及邪见、见取见、戒禁取见是分别起的。其余的是本能的，也是学习养成的。

十种烦恼第八识全无，第七识有贪、痴、慢、恶见，第六识全有，前五识上唯具贪、嗔、痴三种。

（五）随烦恼类

随烦恼有二十种，分为三类：一小随烦恼有十种；二中随烦恼有二种；三大随烦恼有八种。这些烦恼的心理，都是依前六种根本烦恼起的，所以名曰随烦恼。《成唯识论》云："唯是烦恼分位差别等流性故，名随烦恼。

此二十种类别有三：谓忿等十种，各别起故，名小随烦恼……掉举等八，遍染心故，名大随烦恼。”染心包括不善及有覆无记的二种。余易了解。

一小随烦恼者：

（1）忿：对于自己当前不如意境界，发一种愤慨的心理，即俗言“发火或发怒”。论云：“执杖为业。”动了火可以执物打人，张口骂人。

（2）恨：要先有忿，然后才有恨，恨即内心结怨，俗云“怀恨在心”，记他人怨。但在外貌上或者没有表情，有时也有一点表情。

（3）覆：谓盖覆义，对于自己所作的罪恶，遮盖不让他知。因为给人家知道了，于自己不利。但是隐藏在心，内心上是不舒适的。俗云“内疚在心”，就会发生后悔的心理，也是热恼，心不安稳。所以作了罪，最好是发表出来。

（4）恼：就是恼怒，一定要有忿恨的两种心理在先，然后起恼怒的心理，有了恼怒的心，就会蛆蜇他人。譬如因在过去对于他人深怀怨恶，后遇机会，或见面或遇事，恼怒爆发，加以报复，说话如毒虫，血口喷人，或加毒手！

（5）嫉：是嫉妒，对别人的好事和有益的事，特别是光荣的事，如环境的享受、名誉、权势、地位、财富等，自己内心不能忍耐，妒忌心生。即俗云“嫉妒障碍”“妒火蒙心”。有了这种心理，就会有忧戚的心理作用，常云“忧心如焚”，也是很难过，同时也会做出损人的勾当。

（6）悭：悭就是悋悭、悋惜、不肯惠施的意思。譬如自己积蓄财产或知识，若有求者前来，不能施与。论说：“鄙蓄为业。”即俗云“守财奴”的心理。

（7）诳：诳是矫诳，不真实意，论云：“心怀异谋，多现不实，邪命事故。为获利誉，矫现有德。”有了这种心理的人，是大言不惭的，以欺骗他人而谋得生活，所以说邪命。

（8）谄：谄是谄曲，论云：“为罔他故，矫设异仪，险曲为性。”就是外表装得很好，内心却是异样。俗云外表俨然道貌，内心男盗女娼。有了这种心理的人，以献媚于人，俗云：“小人之心。”

（9）害：害与不害相对，对于人类，常起损恼，即无悲愍。有此心理的人，常用方法逼他人。

（10）憍：憍是憍醉或憍傲。对于自己很如意的事情或物品或技能，心生贪着，醉傲为性。内有此心，外现种种“憍气凌人”。有了这种心理，就会造作一切不善的行为。

这十种小随烦恼，都是从根本烦恼分出来的。

二中随烦恼有二：

（1）无惭；（2）无愧。即俗语之无羞耻或无廉耻的心理。惭愧的反面，就是无惭无愧。此在前面善心所中已说，故不再重释。

三大随烦恼八者：

（1）掉举：掉举心谓能使心高举起来。俗云："打妄想"，令心妄动不寂静。特别是对于修习禅定有障碍的，所以说"障止为业"。又障行舍，令心不能有平等正直而达无功用住的境界。论说："能障行舍奢摩他为业。"

（2）惛沉：谓惛迷沉醉的心念，令心迷暗不清明，故云："障观为业。"有了这惛沉，于所观境就无堪任力了。提不起精神，心成一种颓萎的状态，不能修观。

（3）不信：就是前善心所中信心的反面。

（4）懈怠：是前精进的反面。

（5）放逸：此心理是不放逸的反面。谓是放荡纵逸，毫无规律的心理行为，行为表现动作，故必先有心理的冲动。此中放逸谓是心理。

（6）失念：是前别境中念的反面。

（7）散乱：对见闻觉知的境界，令心流荡，"障定为业"（定是心一境性），心不专一。俗云："心乱如麻"，就是这个心理。

（8）不正知：是正知的反面。

这八种大随烦恼，也是从根本烦恼分化出来的。

不定有四：

（1）悔：就是后悔，又名恶作。厌恶其已做的事，而生恼悔。如做恶事，后悔则为善，若做善事，后悔则为恶，故是不定。

（2）眠：是睡眠，睡眠本是生理上的精神休息，在生活上是需要的。这里所指的是一种贪睡眠的心理。如贪着睡眠，懒惰无为，所以过多睡眠是不善的。论云："令心不自在，昧略为性。"若适可而止，就是善的了。

（3）寻：就是寻求，令心于意言境，粗浅地推度分别，可善可恶。

（4）伺：就是伺察，对于所观的境有很细的推度，亦可善可恶。

颂云："不定谓悔眠，寻伺二各二。"这"二各二"的解说有两种说法：第一说："二"指寻伺两个心所；"各二"是说此二心所各通善恶二性。第二说："二"指两类，谓悔眠一类，寻伺一类；"各二"说这两类都各有善不善性。

第六节　泛论情感情绪与心所法

以上五十一心所法的分类法，是依伦理学的观点分析的，所以总分为善、不善、不定之三类。这种分类法，比现在心理学上的情感与情绪中的分析来得精密。一八七九年，欧洲有一位试验心理学家冯德，他把心理情感分作三个方向：（一）由愉快到不愉快及中立状态；（二）由亢奋到泥柳；（三）由紧张到弛缓。这分法在欧洲被认为是很有价值的，其实，是很平常的。如果如此分析，又不止此三类了。如佛学上贪到无贪等，信到不信等，其类甚多。

心理学上表情感的名词很多，在吴伟士的《心理学》中[11]，有十一类的分析。今录如下：

（一）愉快、快活、欢乐、高兴、得意、狂喜。

（二）不愉快、不满意、愁闷、悲伤、悲哀、丧气。

（三）嬉戏、娱乐、狂嬉。

（四）鼓舞、兴奋。

（五）宁静、满意、迷蒙、无情、厌烦、无聊。

（六）渴望、恋慕、希望、笃信、勇敢。

（七）怀疑、食羞、困恼、焦急、忧虑、畏缩、骇怕、恐怖。

（八）惊讶、惊奇、诧异、慰藉、失望。

（九）欲望、嗜欲、悬念、仰慕、恋爱。

（十）厌恶、嫌恶、嫉恶、恨恶。

（十一）忿怒、愤恨、愠怒、盛怒、狂怒。

这里共五十五种，其实有些是可略的，如第八类中的惊讶、惊奇、诧异等应是一种。恋慕与仰慕也应是同一种。今将唯识之五十一心所法，约归为七类如下：

（一）触——受（苦忧——喜乐）。

（二）贪——欲——悭——谄——诳——无贪。

（三）嗔——忿——恨——恼——嫉——害——无嗔。

（四）痴——无明——恶见——覆——憍——慢——无惭——无愧——疑——不信——悔——无痴——明——慧——正见——惭愧——胜解——信。

（五）放逸——散乱——掉举——懈怠——不放逸——勤——精进。

（六）惛沉——睡眠——行舍——轻安——定。

（七）失念——寻——伺——作意——想——思——念。

此中以触为首者，触是一切心、心所法生起之基本故。次受者，由触即生感受故。苦乐等四原非心所摄，依受而有，所以列之。又每一类中，都是由不善而至善，所以用“——”的符号来表示。

第七节　前五识的产生

依止根本识　五识随缘现　或俱或不俱　如涛波依水

这是说此能变识的所依所缘。这第三能变识怎样生起呢？这里先说明前五识，再说第六识。

五识生起第一个条件是依止根本识，即第八阿赖耶识（此识通一切位，所以说根本）。前五都依此根本识，再随了各别的增上缘的集合而现起的。在某种环境的条件之下，则有某种识现起。如《八识规矩颂》云："九缘七八好相邻。"就是说明五识生起的增上缘不同。谓眼识生起要依根、境、空、明、种子、染净依（第七识）、根本依（第八识）、分别依（第六识）、作意（注意）九缘。随缺一种不能生起。所以离此九缘之外，即无另一眼自性可得。因此说眼识无自性义，余识也是如此。耳识要八缘生，九缘之中除去光明。鼻、舌、身三识，除空与明，由余七缘生。由此诸识由缘而生，因此颂说："五识随缘现"，现即生也。

"或俱或不俱"者，谓五识之中或二个同起，或三个乃至五个同时起，或个别起。然六、七、八必与俱起。因此论说至多八识，可以同时而起。"如涛波依水"者，波涛喻前五识，水喻第八识。波涛因风依水而有，此五识因外境界依根本识而生，道理亦尔。

第八节　意识的生起

意识常现起　余生无想天　及无心二定　睡眠与闷绝

这首颂是明第六识的生起因缘，谓第六识依止根本识恒常现起来。吾人之意识活动，我们平常的举心动念说话，都是意识的活动力，故云“此动作或此语言是有意识”，所以意识大部分是常起的。但有时候，意识依了某处的处所，或某种特殊的环境，或某种力量，就不现起来了。这种特殊关系有五种：

（一）无想天：是色界十八天之一（色界第四禅八天的广果天中有无想天）。或曰无想有情，生到彼天由过去无想定力故，心心所灭，就是前六识都不能活动了。在这天界中据说有五百劫的寿命，在这五百劫中意识不起作用。

（二）无想定：外道以求涅槃果故，而修无想定，灭前六心、心所，特别灭想心所，故名无想。由此定力死后生无想天，以为此即涅槃。可是等过了五百劫，其想再起，因此即谤曰实无涅槃，无真解脱。于是堕落三途，故有智者不修此定。

（三）灭尽定：又名灭受想定，又名灭定。修此定的人，只求寂静，了知受、想二心所，是一切负着分别的起源，是一切纷争的根本。故灭受想为主，而修定使六识心所灭，令不生起，故名灭受想定或灭尽定。入此定的人，并不以此为涅槃。灭定为九次第定中的最高一定，是圣者所修。由此定力压制使第六意识不起。

（四）睡眠：谓入睡眠时毫无梦境，就无意识的活动。若时有梦，佛学上谓之独头意识的活动。

（五）闷绝：即是昏迷，不省人事的心理状态，无意识作用。此种心理状态，或因受了过分的刺激，或因极高的热病，或因醉酒，或被他损害，都可能神经闷绝，不起意识作用。

除了上面这五种之外，意识是常常现起的。

注释：

①《俱舍论》。

②④《知识与社会》。

③《成唯识论》卷三，第二页。

⑤⑪吴伟士《心理学》，中华版。

⑥《俱舍》与《顺正理论》释五根段。

⑦《俱舍》与《顺正理论·根品》释二十二根段。

⑧《俱舍论·界品》卷二，第十四页。

⑨《俱舍论》同前。

⑩《俱舍论·界品》卷一，第十四页。

第五章　思量能变识（人生论）

第一节　序言

一、人类社会所要求的是自由平等，西洋人说：“不自由毋宁死。”当然不平等之奴隶生活，也毋宁死。因此，近世人类竞相斗争者，没有不以自由平等相呼号。但是实际上，今日之世界人类，弱者仍然是不自由、不平等，过着奴隶生活，在强者们的意识上没有真的自由平等，自由平等是强者的，不是强者所统治的人民的。不论讲什么政治主义，旧民主也好，新民主也好，国家主义也好，民族主义也好，都应该以真正的自由平等来对待他的人民。中国古时，有天下为公的大同思想，近来美国人提倡四大自由和天下一家，是极美善的，若能彻底实行，对于人类是有着实际利益的。

但是人类自从有史以来，从未能实现真正自由平等，这原因在哪里？这是因为人类中的每个人，都有一个自私的“我”。从自私的“我”上，经历种种学习的经验，而有“我见”，这“我见”是所谓每个人对每种事物的知识、见解。这些知识、见解，是以自我为中心的，有了思想系统（即所谓见解），组织具体化，在政治上就曰什么主义、什么政策，在文化思想上就说是什么理论思想。这些主义或理论，能在社会之上、人类之中，生起一种信仰的力量的时候，他那见解，即成为一种时代的潮流或洪流了。因此，世间上一切的知识见解，都是依据其个人的智能和社会的经验而产生的。其智能的出发点，就是那“私我”。因为有了“私我”，就必有与私我相对待的“你”与“我”；有了你我，就有“我是你非”“我们是你们非”“我们的见解正确，你们的见解不正确”“我们是民主，你们是不民主”等。于是引起烦恼，引发感情，引发行动，创造出一切人类社会的痛苦，自由平等快乐从此就永远不能得到。此中所谓“私我”的来源，依唯识学说，就是末那识的妄执。

二、人生在社会中，总要有人格，有人格的人，在社会上才能为人所尊重；没有人格的人，就为人所卑视，故云：“人格要伟大”，可见人格对人生的重要性。但是，什么是人格呢？那是很难捉摸的，如果他人问你，某人的性情如何？行为如何？聪明如何？人格如何？你可以答复他，那人的性情好，行为不十分好，也还聪明，人格是十分健全的。究竟什么是人格？依社会心理学说：人格的发展，是顺适家庭社会等环境而发展的。换句话说：人格是社会环境养成的；而另一方面又是以个己行为为主的发展。若依生理学说：人的体格、性情、健康等，可以影响他的人格。依心理学家说：人格是气质，中国古书上说的气节就是人格。所谓气节、人格，内心上究竟是什么使其如此呢？佛学上说就是“我”。具有个性的我性，在某一方面的发展、表现，就是人格或气节。私欲（或私我）个性特重的人，一定是小气、自私的，做官定会贪污、害民，人人曰此人无人格。私欲（或私我）个性轻微的人，一定是宽宏大量、清廉爱民的，人人曰此人有人格。又如我们忠于国家民族，古时说忠于皇帝，如果为国家民族而牺牲，人人曰此人有气节、有人格；如若反国家民族，人人曰此人无人格无气节。信宗教的人为其教而牺牲，世人亦曰有人格；如果反教，人曰此人无人格、无灵魂。这私我、人格、灵魂，在佛学上又是以第七识的我执为基型的。这种私欲是本能的，不是学习的。但另一方面说，人格可以由环境养成。

三、第七末那的特性有二：一恒审思量“我”，及恒常以我为出发点，而活动而影响第六意识。二它的特别心理现象是烦恼：我见、我慢、我痴、我爱。四烦恼又都以“我”为主体而各别活动。第八识之所以成为阿赖耶识，就因为此识的我爱心理所执持：以为第八识就是那个生死而不灭的“我体”。其他的意义，都不算是主要的意义。

四、人生之目的，在求得真自由真平等，而能发展其个性天才与高尚人格。但是，这是次要的，首要的是要达到个人内心上的真自由真平等。禅宗与理学的参悟，就是为达此种境界，这个人内心上的真自由真平等，必须打破“我执”，即宋儒所谓私欲。这我执或私欲不能破除，必定随物转而不能转物。佛学要入见道才能进入平等性智（第七识）。故在见道以前，是决不能有真的自由和真的平等心境的。

五、无我是佛教基本的学理。得无我的解说，就是转第七识成平等性智的境界，故第七识不转变，决不能得到真正的无我境界。

第二节　举颂释名

次第二能变　是识名末那　依彼转缘彼　思量为性相
四烦恼常俱　谓我痴我见　并我慢我爱　及余触等俱

有覆无记摄　随所生所系　阿罗汉灭定　出世道无有

颂云："次第二能变，是识名末那。"说过了知识论的了境能变识，其次说人生观的第二能变识，此能变识名曰末那，所以说"是识名末那"，末那译为意。在梵文上有二末那：一指第七识，此中译音，他处译曰意；一指第六识，译曰意识。因为恐怕两个识名相混，故第七识只译音。

在唯识学未发展完成时，佛学上只说六识，第七、第八都摄在第六识中。《成唯识论》亦说："意及意识，名意识故。"就第六识上的特别作用，大乘学者遂别立为第七识，末那特别的含义是"思量"。所以名思量者，是示别于第八和前六识而言的。如云："心意识三"，这三种名词本可通名八个识的，但有各别偏胜的意义，所以分别而立。"心"为集起义，指第八识，它能收集一切法的种子，又能起一切法的现行而发生作用，这特殊效能他识没有。"意"是思量义，指第七识，它是恒审思量第八识为我故，即念念不断在执着第八识为我。虽在梦中，仍执有我，这行相很微细，我们平常很难觉察得到。故《八识规矩颂》云："恒审思量我相随，有情日夜镇昏迷。"它这种特别效能也是他识所无。"识"是了别义，指前六识，各别了知外境作用最强，这又是七、八二识所不及的。

了别就是于所缘境界上去认识、去分别，吾人平常活动的都是这前六识；前六识的主体是第六意识。末那的意义，特别表示思量，对于集起和了别，就不如八、六二识了。

第三节　所依与所缘

“依彼转缘彼”五字，就是说明第七识所依与所缘的意义。“彼”是代名词，指第八阿赖耶识。“依”有仗托义和不离义。“转”也有二义：一流转义，第七识本身相续不断地流转。二随转义，第七识跟着第八识转现，故说“依彼转”。这是说明第七识与第八识的关系。末那是心识，属能缘，其所缘的唯一对象就是第八识。在未转依前，即吾人未觉悟无我真理以前，它只取第八识为所缘境而执以为“我”；到了转成平等性智时，则可缘一切境界了。换句话说，就是打破私我，悟契真理，获证高尚的智慧。

就末那识与阿赖耶识的关系上说，第七识为能依，第八识为所依。实则八个识的心、心所皆有所依的，若无“所依”即不生起。故这所依性在唯识学上，是很重要的观点，这里略为申说：

一、所依概观：所依有三种：（一）种子依，又名因缘依，论云："诸有为法皆托此依，离自因缘，必不生故。"每一法的生起，各有其自类的种子，依了自类的种子方得生起，这是亲因，其他的助缘算是疏缘。如我们苦乐不同，都是自类的业种子所招感。（二）增上依，又名俱有依，又名增上缘依。"增上"是扶助义，谓增加其助缘，促进其发展之意。"俱有"是互为因果，谓彼此互相为助，相依不离之义。论云："增上缘依，谓内六处，诸心、心所皆托此依，离俱有依必不转故。"（三）等无间缘依，又名开导依。"等"是相似义。"无间"谓时间上相续无间断义，空间上无第三者参入。识心前后相似生灭转变而无间断，名曰等无间。心、心所法，前念为后念依，曰等无间缘，这缘是特别属心、心所法的。心、心所法若无等无间缘，即不生起，不能转动，故必要前念灭已，后念方生，前念与后念无别法间，故云无间。又名开导依者，前念为后念开导故。论云："等无间缘依，谓前念灭意；诸心、心所皆托此依，离开导根必不起故。"近人有谓外境诸法也是自体刹那生灭，故亦应有等无间缘（见《新唯识论》）。

二、有所依：一切心、心所法具有这三种依的，名曰有所依。若诸心品，无有所依，则不生故。一切外境如色声等，皆无所依。

三、末那识之俱有依：此中第七识以何为所依呢？

这有两种说法：一说它是以第八识中所藏的第七识种子（亲因缘）为所依而生起的，不是依现行的“异熟”，第八藏识而起。故论云：“有义，此意以彼识种而为所依，非彼现识。此无间断，不假现识。”另一说：这第七识是依第八识中的种子和现行为俱有依。依种子是因缘依，依现行识是俱有依，或曰增上缘依。所以颂说：“依彼转”，谓依彼种现而转生转起也。

四、七八互依：究竟什么法是俱有法呢？论说：“谓内六处”（六根）；此即是增上缘——俱有依，一切心、心所法都要依此内六处，才能生起来。因此，唯识学是心境合一论。内六处即是六根，依陈那说：根即种子，这种子是一切心、心所的俱有依。不过，依护法说：第七识的俱有依是第八识，第八识的俱有依是第七识，是旋转式，这二识是相依为命的。俱有依和等无间依，在唯识论还有多种说法，这里只好从略了。

五、末那所缘：前说第七识依第八识转，同时也缘第八识。前面说“缘”，是观察义，是分别义，也可说是执取义。末那缘第八识的什么执为“我”呢？印度古师对这也有好几种的解释：一说：缘第八心王的自体执以为“我”，缘第八识相应的心所执为“我所”。又一说：第七识缘第八识的见分执为“我”，缘第八识的相分执为“我所”。第三说：缘第八现行（异熟报）执为“我”，缘第八识中之种子执为“我所”。实则末那是缘第八识的见分，即是缘第八识之自体作用，总执为“我”，这是护法的意思。总而言之，这第七识只是执“我”而已。

六、我执的根源：研究佛学的人，特别是修学佛法者，都要打破我执（我见）。因有了主观的我，无明烦恼，人我是非，都从此生起了，人伦社会，也都从此建立了。故“我”是人的主体，社会的主体，所以佛教重视无我的学理，无我则无烦恼。佛陀看透了众生生死轮回，都从一个“我”产生，故说无我之教。若能观察无我，体验无我，则能不造生死之因。但是要修学无我，先要找到这个“我”的病根是从哪里来的，然后才好下手，才好改造。《八识规矩颂》云：“有情日夜镇昏迷。”这是说明“我”是人生的主体，一切人类，日夜都是迷着在唯我主义的人生观中。但是第八识见分本来不是我，为什么第七识这样颠倒执着呢？因为，第八识体似常似一，它以此为主宰，故执为“我”。在心理学上说，人类从生下来，总以为有一个自主的“我”。这东西随便你说它是什么名字，都不成问题，当然也可以说为阿赖耶识。由此，若不把第七识之我相断掉，人我是非，社会斗争，永远得不到合理地解决，也不会了脱生死。断即转义，把第七识转成平等性智，即成无我。

第六意识上也执有“我”，但那是受了七识的影响而起的。这我执有两种：一是俱生的，即是本能的；二是分别的，就是学习的或是习惯养成的。习惯养成的比较易断，本能的难断。因此，我说这第七识的特点在执“我”，执我就是人生，也就是一切社会组织的核心，无论什么社会，什么团体，都是从此而来，因此而有所谓社会意识、民族意识、国家意识等。这里所谓意识，就是较大的“我”的核心。一个人的自我发展、自我享受，这是太偏狭的“我”，往往因此而害及他人。由于同情心的作用，扩展而成以群众利益为发展的目的，这就是所谓“大我”。佛学上并不反对此“大我”主义，大我可说为无我，这是打破私我之后的境界。

第四节　体性、行相、相应

以思量为特殊效能（体性）的第七识，是恒审思量而执我的，恒是恒常不断义，审是审察，即深刻地观察。第六识虽然也审思“我”，却是不恒。第八识虽是恒常，而根本不审察有“我”。前五识则既不审也不恒。只有此第七识既是恒常，又是审察。故有颂云：“恒审思量我相随。”不过这种行相，是我们平常意识所觉察不到的，因此识是潜意识。其实，第七识安立是多余的！在《摄论》中第七识名染污意，因为此识有四烦恼相应。

又名恒行意，因为第六意是间断的。其实，间断只是作用，间断染污只是烦恼作用，意识应该只有一个。如《成唯识论》云："意及意识，同名意故。"就证知意识只有一个没有两个。若依《起信论》说，意与意识也是没有明白的界说的。

这第七识有四个烦恼心理恒常与它相应（俱），时时刻刻与第七识俱行不离。论云："此中俱言，显相应义，谓从无始至未转依，此意任运，恒缘藏识与四烦恼相应。"因此，此识名染污意。哪四种呢？

颂云："谓我痴我见，并我慢我爱。"这四种都以"我"为依止，而在心里上是有次序的，即是先对事物真理缺乏理智的了解（无明），次以自己所认识的为正确（我见），根据这种见识而有倨傲（我慢），由此也就爱着于我。这四种烦恼，是一层深着一层。

我痴，痴即愚痴，亦即无明，或名无知，切实一点说，就是无知识、无理智之谓，为一切烦恼的根本。对于我法相及真理不能了解，故曰愚痴。无明有二：一共无明，亦名相应无明，谓与贪、慢、疑等一切烦恼心理相应而起的。总而言之，无论什么烦恼心理生起皆杂有无明。二不共无明，又有二种：（一）独行的无明，是独起的，也有二种：（1）是有意识地与忿怒等心理现起的无理智状态；（2）是无意识地与忿怒等心理现起的无理智状态。（二）恒行无明：这正是此第七识相应的无明，就是不了解我相真理的无理智状态。因此识是恒行不间断的，故此无明亦是恒行。列表如次：

- 无明
  - 共无明——相应无明与贪、痴、慢、疑等一切烦恼相应而起。
  - 不共无明
    - 独行无明
      - 一与忿恚等随烦恼相应时则自非主（无明不做主）。
      - 二不与忿等同起，无明做主（第六识的）。
    - 恒行无明——即是第七识的无明常常执我，无明恒有，即我痴。

我见，就是我执，人生的肉体与精神，本是因缘所生法，本无我之实性存在其中，但是人们明此非我的法上，妄执为我，而以为这种见解是对的，故名我见。

我慢，慢是倨傲，这是自高自大的心理，这种心理是依我执而有的，故曰我慢。

我爱，等于我贪，对适意的境，生贪爱故，因为爱着我故，名曰我爱。《成唯识论》云：“于所执我，深生耽着，故名我爱。”

这第七识是以思量有“我”为体性为作用的，其作用的心理，即此四相应心所，又都是以“我”为出发点，故第七识就是我执论。

“及余触等俱。”第七识不仅与这四种烦恼相应，并且与其余的触、作意、受、想、思五遍行相应。还不只此五遍行相应，故《八识规矩颂》云："八大遍行别境慧，贪痴我见慢相随。"还有惛沉、掉举、不信、懈怠、放逸、失念、散乱、不正知等八种，及一个别境所摄的慧心所。这些心所，了境能变中已说。

"有覆无记摄。"无记性有两种：前说第八识是无覆无记所摄，这里说第七识是有覆无记所摄。有覆即染义，第七识的本身性质，不是善也不是恶，不会起恶念做恶事，故说无记。但因为有烦恼相应而起，则此识自体被烦恼盖覆着、染污着，故说是"有覆的无记性"。因为有这些烦恼相应的缘故。所以这第七末那识，又得一个别名，曰染污意，即有烦恼染污的意识。

第五节　末那之界系与伏断

"随所生所系。"这是说第七识在三界中是何所系属，此第七识随顺第八识转。"所生"的生，有"趣"义。随所生就是随第八识所生之趣类。又这"所生"是指三界的有漏业所感召的第八异熟现识。谓此异熟果识生在哪一趣中，这第七识亦随着它系属在哪里。譬如第八识生在欲界地的人中，这第七识也随着系属在人中。论云："任运恒缘自地藏识，执为内我，非他地故，若起彼地异熟藏识现在前者，名生彼地。染污末那缘彼执‘我’，即系属彼，名彼所系。”

“阿罗汉灭定，出世道无有。”这是明第七识的伏断位次。此中说末那识，由三位伏断：一是阿罗汉位，二是入灭尽定位，三是证出世道位。阿罗汉义总说三乘无学圣果。“灭定”具名灭尽定，又名灭受想定。《俱舍论》说：有法能令心、心所灭，令心、心所不生（不动想念），名曰灭定。灭受想定就是灭此受、想二种心所。“受”是领纳的享受，即人世间五欲享受。“想”是意识的分别计着，世间一切科学、哲学、宗教，主义学说，种种思想分别。学出世的人，虽不贪五欲享受，但分别计着特多，有了这两种心理活动，就不能出轮回了，故必先以定力灭此二心所。若有此二心所活动，则身心不能寂静，若灭受想，则能寂静。故修受想定的目的，即在求得智慧的寂静。由修定得心自在，烦恼灭尽，必得阿罗汉道果。

“出世道”者，道本是路，出世道是对世间道说的，即是三乘出世的无漏圣道，以无漏智亲证真如理，就是真见道。小乘入初果，大乘初地，证此道已，我执即灭，末那即转。

以上三种位名，阿罗汉位是无学果，若证此果，染污末那的种子和现行会全部断除，所以说阿罗汉无有。

其次若在有学的位上，入灭尽定时，或于加行道后，证入出世道时，这末那的现行，暂由定道二种势力而令伏灭，所以说灭定无有和出世道无有。何以灭定可以伏灭此末那识？因为灭定是出世道的等流法，极寂静故。出世道中以根本智得真无我解，违害我执，所以说此识无有。后得智是真智等流，也害我执。由此而观，诸有漏道，不能伏此染污意识。此若永断，即得平等性智现前。以上这三位所伏的是我执现行，所断的是我执种现，所证的是无我真理，又都是以“我”为中心而立论的。

第六章　阿赖耶识（本体论）

第一节　序言

一、宇宙本体与阿赖耶识

哲学上的宇宙论，是处理宇宙的本体是什么，宇宙万有是怎样成立的一个问题。这问题自有史以来，该有多少人去探讨，由唯神而唯心而唯物，总是仁者见仁，智者见智，没有一个确定的说法；即在佛学之中，由业感而性空而唯识而真如心，也是异说纷纷，莫衷一是。虽然如此，在佛学上仍有一共同观点，即大家都承认因缘论，故可说佛教的宇宙本体论是因缘论。本论是属于唯识宗的，故本宗的宇宙观是唯识的。

在唯识上所说的诸法中，可以用之说明宇宙本体的，当然是阿赖耶识。

阿赖耶识的名义，在释颂中，再为详说。这里要说明的是：（一）什么是阿赖耶识？（二）阿赖耶识何以说为宇宙本体？

阿赖耶识，依心理学说，是一种潜意识，或曰无意识。所谓潜意识者，这是说明它的功能作用是一种潜伏而不显现的不活动的心力。无意识者，是说它没有意识活动作用的心，潜意识是别有其功用的。这种说法，在唯识学上就是指第八阿赖耶识。此识在唯识上名为“不可知”，因为它的作用微细而不可知，但是它有它的功用——含藏种子，执持根身，缘虑器界；只是不是我们的意识所能了知的，故阿赖耶识就是潜意识。

此阿赖耶即是吾人之生命体，这生命体从无始以来，乃至成佛而不坏，只是转变性质而已，这种说法在唯识学上说来是很深细的。如《解深密经》云：“于六趣生死，彼彼有情，堕彼彼有情众中，或在卵生，或在胎生，或在湿生，或在化生，身分生起，于中最初一切种子心识成熟，展转和合，增长广大……”这里“最初一切种子”[①]，即是阿赖耶识的因相。由于此义，阿赖耶识即是人生之生命体，经中说“根本识”“穷生死蕴”“有分心”“爱阿赖耶”[②]等，都是就生命体上说的。证实人生之心识不灭，生命无穷。从这点上观察，可知阿赖耶识的解释，还是在精神方面，而没有扩展到物质的宇宙方面。

阿赖耶识是身体的执受者。在大乘经中，先说此识名为阿赖耶，能执受“一者有色诸根及所依执受，二者相名分别言说戏论习气执受”。这说明了此识对宇宙诸法所发生的直接关系。此识亦说为心，“由此识、色、声、香、味、触等积集滋长故”[③]，论中也说此识名心，集诸法种子故[④]。

阿赖耶识是宇宙的本体。唯识学派到了无著、世亲时代，此识就成为宇宙之本体了。如此识在唯识学的根本教典中——《摄大乘论》中，立为“所知依”。“所知”就是宇宙万有的一切诸法，就是世间一切杂染诸法和出世间一切清净诸法，总而言之，统而言之，曰“所知”。“依”即依止、依靠、依托的意思。“所知依”者，就是说宇宙万有诸法，若染、若净、若精神、若物质、若无形、若有形，都是要依托此阿赖耶识方能生起，唯识为诸法平等所依，故名所知依。如《阿毗达磨经》说：“无始时来界，一切法等依，由此有诸趣，及涅槃证得。由摄藏诸法，一切种子识，故名阿赖耶，胜者我开示。”又《摄大乘论》云：“复何缘故，此识说明阿赖耶？一切有生杂染品法，于此摄藏为果性故。又即此识于彼摄藏为因性故，是故名为阿赖耶识。”由此，我们很容易见到此识是精神宇宙的本体。故此阿赖耶识可以说是人生与宇宙的总合体，精神和物质的总聚体。

问曰：此识为唯识相，非唯识性，何故以现象的唯识相为宇宙的本体，而不依唯识性建立宇宙本体呢？答曰：性有理性与事性之分。理性是抽象的、普遍的、无为的。事性是具体的、有限的、有为的。宇宙为有为法，是具体的。前者是不生灭的，后者是生灭的。宇宙万有之本体，当属有为生灭之法，非不生灭。又唯识相之相，有体相与相状二义，体相者是说本体；相状者是说现象。今说阿赖耶识为诸法之所依，即是就体相说，非依相状说，所以无违。

二、宇宙的最后原料

宇宙间的一切事事物物，除了它的本质性上，有一普遍的共相，或者说是普遍的概念（共理）之外，则所有的一切一切的现象，千差万别的相状，或者说是事相，是时时刻刻变化着的。因为变化，所以一件事物，在同一的空间、时间当中，是时时不同的，就是前刹那不同后刹那，至于互相变化就更不一了。普遍的共相是真的不变的，个别的现象是现实的是变动的。至于一切法的自体性，就是一个事物的特别性质之自体，这个自体，也是共于具有同一性的诸法的。这种自性的特别自体，却不共于异性的一切诸法。此种自性，佛学中有说是自相，这自相，也是不变的，是真实的。

一切事物的本体，若依着佛学来说，根本是空，空是缘起故空。空是无自性；无自性是事实如此，本来是空的。在事实的分析上也可以说空，佛学说因缘，一切事物的现象，完全是因缘的组合，由因和缘组合成的事物，即是假的、空的。而这种因缘，外道学派说，是实在的，唯识学中的种子也是实有，所以说由因缘组合的事物都是空的、假的。

因缘，就如同罗素的新实在论所说的关系条件一样。新实在论是用关系来说明事物的性质和现象的，佛教的哲学，是用因缘或缘起两个词来说明事物的本体和现象。所以说佛学的宇宙观、人生观是因缘论。“为什么拿‘关系’来说明事物的性质呢？就是因为宇宙间的任何事物，都不是独立的；换言之，即没有和他事物不生关系的。所以判断一物的某种性质，便无异于辨明其物在某种关系上的地位。”“知识既不过是知者对于所知的一种关系，则所知与知者同为关系中之关系者，而关系者必在关系以外，他们因名之为关系外在性。”（《新哲学论丛》）有外在关系，当然有内在的心灵关系，这里不去讨论，只是证明宇宙间的事物性质和现象，都是关系者和关系者的组合。这种组合，有种种不同，所以就有种种的事物种种的因果产生，千差万别，无量无数，形形色色，一切宇宙诸法，都是依着这因缘为基础而产生的，因缘关系的主体，就是阿赖耶识。

“宇宙最后的原料，不能说是物，也不能说是心，只是事。……宇宙上最真的莫过于暂时的东西。”这与唯识学上，宇宙事物四种原理——名、事、自性、差别——的“事唯是事”的道理相吻合。又“宇宙上最真的莫过于暂时的东西”，与唯识学上的“唯现在一刹那是实有”的理论相同。从此看来，宇宙的一切森罗万象，都是“事”，唯有现在一刹那的“事”，才是实有的。不过，这事是依识而变现的。至于一切名言所诠表的某某事某某物，都不过是人类感觉上的一种认识的代名词，一种意言或曰妄想分别罢了。不能依着代名词来规定事的自性，从这种名义上求不得宇宙事物的真相——实事和真理。

三、哲学上的“可能性”

哲学上的“可能性”一观念，似是探讨宇宙本体的。“可能性”这个观念，在过去大多数哲学系统中占很重要的位置。例如一切“尽性”论的伦理学之基本观念是“人之最高的可能性”。又例如不少哲学家以为倘若凡人们所不为的事是不能为的事（换言之，倘若现实的行为就是唯一可能的行为），则一切道德的判断为妄。又例如在来笨之氏的哲学，说这个世界是一切可能的世界中最好者。又例如约翰·穆勒说物为“感觉的永久可能性”。又例如在黑格尔的哲学里说，全部人类史是一种可能性的展现。又如在当今怀惕黑的哲学里，可能的世界有许多，而这个世界独得实现，所以必有一具体化的原理上帝。又例如新实在论说，具体的东西未曾存在之前，已有它的“理”，这个理也可以释作可能性。更重要的例子，当求之于亚里士多德和康德的哲学，亚里士多德以为一切个体的物都有其形式与性质两方面。就其对于将来之成就之可能性而言，则为性质；就其已实现之地位而言，则为形式，一切变化流转皆是个体的可能性之实现。康德之应用可能性这个观念却在认识论而不在本体论，而且比较上没有这样明显。凡涉猎过哲学史的人都知道，康德已为我们的心规定了一种知识的形式。凡闯入我们心里的经验，必得穿上这种形式的外套，正如臣子见皇帝必穿上朝衣，戴上朝冠，除了领他冶游时。这种形式的元素，便是所谓先验的直觉（时间和空间）和先验的范畴。前者属于感觉的，后者是属于概念的。先验的直觉，我们现在姑且不管。何以知道某些概念是先验的范畴呢？康德说：“我们倘若证明了一些概念的性质是这样的，假如没有了它们，便没有任何对象可能在经验上给予我们”。换句话说，即我们证明了有些概念是人心所规定的先验范畴。从一些概念之为“可能的经验的必要的条件”，进而推断其为人心所规定的先验的范畴（内心所规定的知识形式之一部分），这个推断是否正当，已是一个问题。对于这个问题，罗素在其少作《形学的基础》里就拒绝给予肯定的回答。但在这部书里，罗素却承袭了“可能的经验的条件”这个观念，以为他所谓“先验”的意义，更进一步维持这种“先验”的知识的实有。罗素现在好像已经“悔其少作”了，我们犯不着去批评他。但现在我们要审问的：所谓“可能的经验的条件”是什么意思？于此，我们又被迫到“可能性”这个观念的问题（见某期《东方杂志》）。

上面的话，大约足以表明“可能性”这个观念在哲学里的重要。我们若把这个观念加以彻底的分析，似乎对于好些哲学应该发生一些不容忽略的影响。实则依我看来，过去许多哲学的胡闹，都是利用这个观念的模糊。证实这句话，要等另篇。我现在只能在这里提出这个问题。

四、唯识学上之功能力

我们知道了宇宙的本体，又明白了宇宙事物是怎样的一种关系，现在我们要讨论到这“功能力”了。

宇宙事物，完全是“因缘关系”的组合。这样组合，就有这样事物现象的实现。这就是说：具有某种性能的事和具有另几种性能的事的组合，就有某种“事”实现起来。这种说法，是适合于历史的唯物变化的，因为物是在变动的。譬如说一个社会的阶段现象，都是由于几种因缘关系的组合而成的。所谓社会环境变化，就是因缘交互关系的变化。但是我们要问这种事物的交遍组合叫作“因缘”叫作“关系”，而各种事物如何能够交遍组合呢？有一种能够交遍组合的“能力”，就是前面说的“可能性”。这种“可能性”，在唯识学上叫作“种子”，也名为“功能”。这“可能性”的种子，每一种法都是具有的。宇宙万法的种子——功能力，含具在宇宙万法的关系体（阿赖耶识）当中，这一种功能力再和其他功能力组合，就是能够组合起每个事物的现象的“可能性”。所以这“可能性”也就是诸法的“因缘关系力”。唯识学上这样说：“亲生自果功能差别。”亲生自果的东西，是为因缘；“功能”就是这生果的“可能性”，也就是“因缘力”。宇宙的一切事物，生起来时，是各种因缘的可能性之组合；灭去的，是各种因缘的可能性之散坏。一一事物，都从功能力上成就，而一一事物，又具有成就组合他种事物之“可能性”。由此观之，“可能性”也是宇宙一一事物的组合功能，一一事物的体相上都潜伏着这种组合他事物的功能——即“可能性”。切实点说，“可能性”就是一一事物体相的作用力——生现行。因为宇宙的一一事物，都有一一事物的体和相，有了体和相，当然有它的作用功能；有了作用功能，才能交互发生关系而产生其他的事物现象。

五、可能性之网——阿赖耶识

我们见到宇宙的实相完全是一一事物的因缘关系“可能性”之演变，就是唯物史观的社会概念，也是各种因缘关系的“可能性”之演变。人类之各种经验概念，以及一切心理的、物理的演变，都是各种因缘力的“可能性”之演变。为什么事物会有演变？因为事物本身在动的宇宙间，没有不动的事物，动就会变。

因此我们的结论是：“可能性”是多元的。在有组合宇宙事物之功能上说：“可能性”就是一一事物实现的因力（功能）。唯识上说：一一法有一一法的种子，这种子都含摄在阿赖耶识中。种子在本体论上有创造性，有开展力，占着很重要的地位。依唯识学说，每个有情都有个阿赖耶识，摄持一切法的种子，所以“可能性”，是遍在宇宙诸法的法体之上，是有着相互交遍的脉络，犹如众灯光明，遍照诸物，互相交摄。仔细去观察大宇宙的事相，这大宇宙的本体，就是“可能性”的罗网交互。那么，这宇宙人生，事事物物，完全是个“可能性的网”，这可能性的网就是阿赖耶识。我们依这“可能性的网”（阿赖耶识）的基础，去确定我们的宇宙观，去认识宇宙的事物的真相；人生演变的因果，也就不难了解了，宇宙之谜，也可以“豁然贯通焉”。

六、可能性与功能力之比较

“功能”在唯识学上是指着“种子”说的，一切法的组合而现实的，都有它的因素。这种直接的亲的因素在因位——自种子；对着自果，也叫作亲因缘。这种种子未生果的时候，含着生果的“功能”，生果的时候使其发生作用，这能生果的“功能作用”就是“功能力”。那么，一切法的种子，在未生果时曰“种子”，在将生正生的时候曰“功能力”。如表示之：

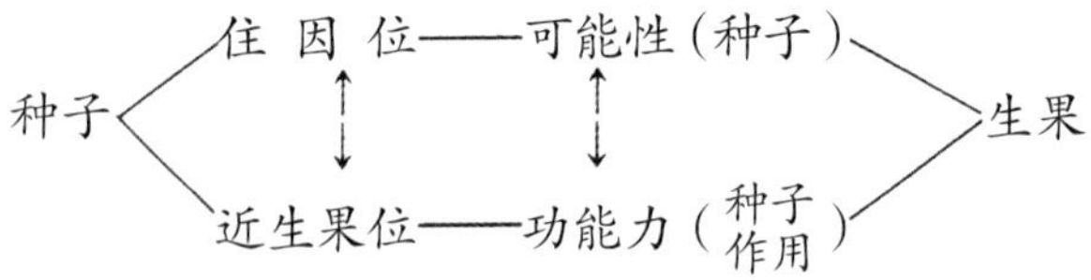

不过，这亲的种子，在唯识学上偏重在指着第八阿赖耶所摄的种子而言，再切近点，就是指“一切种子识”。因为唯识学重视第八识，所以依第八识为中心而说明一切法，所说明的一切法，也都摄归于第八识。第八阿赖耶识，虽然统摄了宇宙诸法，摄藏了宇宙诸法的种子，但是这宇宙诸法的种子还是各个不同。这些种子也不是第八识所造成的。一切法种子，还是一切法，是自熏习而成就的。第八阿赖耶识，不过是以一个有情为单位的中心，做了一切种子的储藏所。这样说来，第八阿赖耶识在一切法之中是一种最有力的法了。这固然是唯识学的正理，可是第八阿赖耶识这样东西，固然各个有情都有，且以为身心之主，一切法也不离第八识。说圆满些，第八识以一切法为其体，离诸法外无第八识，何以故？一切法唯识故，唯识是一切故，这样说也不甚碍于唯识道理。

第二节　阿赖耶识之三相

初阿赖耶识　异熟一切种　不可知执受　处了常与

触　作意受想思

相应唯舍受　是无覆无记　触等亦如是　恒转如暴流　阿罗汉位舍

这两颂半是说明异熟能变识的体相和作用的。三类能变识中，依了原来的次第，初能变是第八阿赖耶识，所以说“初”，是显示第一的意思。解释此颂文，先释阿赖耶识的三相，然后别说余义。

一、自相义

阿赖耶，这词本有二义：一库藏义，收藏一切财宝故；二山义，因为山里藏着很多矿石等物。古人译云“藏”，原来也是根据这个意思来的。这识为什么名藏？藏有三义：（一）能藏；（二）所藏；（三）我爱执藏。

（一）能藏义：阿赖耶识自身是能藏，前七识心、心所法及其他一切法的种子是所藏，是此第八阿赖耶识所执藏故。一切法必有种子为因缘，方能生起，所以此识是宇宙的本体。我们造的业种子和我们的名言习惯心识活动的种子，为此阿赖耶识所摄藏，后遇缘时方能生果，即第二之生命，故此识亦为人类生命之本体。在未生果前，这些种子摄藏在阿赖耶识中，不失不坏。我们举心动念都会熏成种子，经云：“若人散乱心，入于塔庙中，一称南无佛，皆共成佛道。”这念佛的一念，就是一个种子，作将来成佛的因。可是这一念种子，经无量劫而不坏不失，就是因为它摄藏在第八识中的缘故。

（二）所藏义：第八识自身是所藏，前七现行转识及其相应诸法，是能藏。因为在现行的果位即现生命上，第八异熟果识被前七转识所熏所缘，故第八识又是所熏所缘，前七心、心所法，又是能熏能缘。我们现在所活动的，所觉察的，一切心理现象，就是前七识上的活动。第八被包围在这些活动之中，故为所藏。因为它是无记性，劣弱无能，故能受熏成种子。现行果法，就是我们现在的这个生命的总体。这总体的活动在表面上只有前六识最明显，第七识就不易觉察了。但是第七识对第八识是亲切缠缚着，因此我们前七识活动为能熏，就是能藏；阿赖耶识表面上无力活动，是所熏，就是所藏了。依此二义，这第八识——阿赖耶识是遍一切法的，与一切法和合不离的，就是宇宙万有之心体，也可以名为宇宙心。

（三）我爱执藏：这正是说明第七识与第八识的关系。第八识是永远相续不断的，乃至成佛亦不断灭。人生的观念，总以为有个常住不断不坏的生命存在，这个常住的生命总体，就是“我”。这就是第八识被第七识执持，以为“自我”。所以这第八识体就是“我”体。人生的我执我见，自他分别，物我不平等的观点，就是从此发源的。第八识是所爱执藏者，第七识是能爱执藏者。“我爱”本指第七识相应的我爱自私心理。由此，我爱也就表示了第七识的特性，是爱“我”执“我”的；第八识被此我爱心理所执藏，故云我爱执藏。人类的“私我”观念从此种心理关系上所产生，故阿赖耶译作“我爱执藏”。以上的三藏义，是正明阿赖耶识的名义。也就是说明此能变识的自体相。论云：“此识自相，分位虽多，藏识过重，是故偏说。”

二、果相义

阿赖耶识，又叫作异熟识。异熟有三义，前已说过，不再重说。异熟识是阿赖耶识的果相，因为异熟是从果上立名的。要具三个条件才能叫作异熟果识：一业果义：它本身一定是善恶业所感召的果报；具有此业果性的，才可名异熟果识。二不间断义：谓一期果报不断，就是一个生命，从生至死，虽是有期限的，但从入母胎起至死亡为止，名曰一期果报。这虽然是可以明见的，但这只是这个身体的生与灭，其实，生命体是无限的、不间断的，我们的生命不因此一身体的死亡而间断。三遍三界义：此异熟果，必遍三界九地，如今生在欲界，来生或可到色界、无色界。前五识则不能遍三界，如鼻识与舌识色界就没有了，无色界中五识都无。第六意识虽遍三界，而有处不行，且自间断。故唯异熟识必遍三界。第七识不是业果性，故此不说。今将此三义与八识的关系，表列如下：

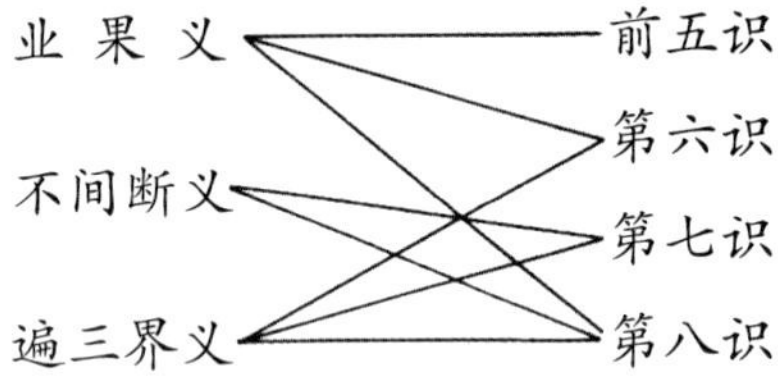

具足这三个条件，才叫作异熟识。唯第八异熟识具有此三义，故名异熟识。《成唯识论》云："此是能引诸界趣生，善不善业，异熟果故，说名异熟。离此，命根众同分等，恒时相续，胜异熟果，不可得故……此识果相虽多位多种，异熟宽不共，是故偏说。"

三、因相义

"一切种"者，谓此第八识名一切种识，就是此能变识的因相。一切种子，就是阿赖耶识所摄藏的一切法种子，为诸法生起之因，唯此识能执藏故，名一切种子。《成唯识论》云："此能执持诸法种子，令不失故，名一切种。离此余法能执持诸法种子，不可得故……此识因相虽有多种，持种不共，是故偏说。”

以上已说异熟能变的三相，再将此能变识之三名三位列表如下：

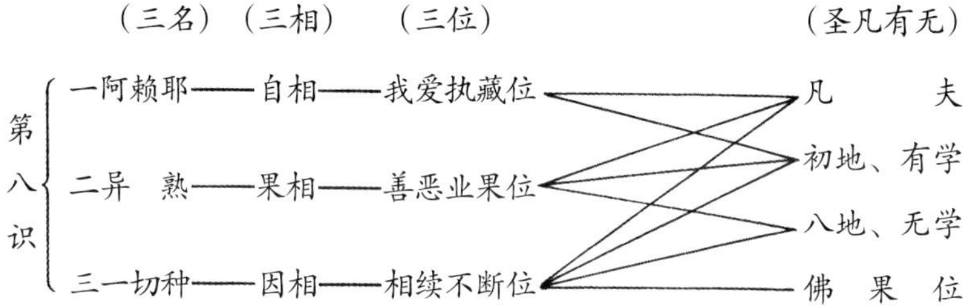

阿赖耶之名，唯通凡夫与初地及小乘有学；异熟识通位较广，从凡位可至金刚道位，至成佛前刹那方舍其名；一切种识，通凡圣一切位。此三识相，《摄论》说为“所知依”，意指此识是一切法平等所依而生起，故为宇宙诸法之本体。

第三节　阿赖耶识之种子

阿赖耶识的别名还有很多，这里只举了三个，其他名称，以后再说。一切种识的种子义，还要特别提出来说一说，因为种子义，在唯识学上是至关重要的，尤其是关系因果的道理。佛教学说最重因果，若不明种子义，则不能明因果义，所以特别再说明此种子义。

一、种子的体性

种子的本体是什么？《成唯识论》云：“此中何法名为种子？谓本识中亲生自果功能差别。”这是说在第八阿赖耶识中，含有直接为因而能生自类果者，就是种子。“功能”是种子的别名，同时，也是指出种子的特性，哲学上叫作可能性，或曰性能。“能”是含有力量和作用的意思。如谷种子虽是小小一粒，在未被损坏以前，这一粒谷子是有生芽的可能性，含有那些庞大茎叶的性能。若谷种子被损坏了，则失其生果的可能性。我们心识上因有种种行为作业，这些业力留下很多习性痕迹在心田之中，这些习性亦名习气，在心中是不会消失的。这些行为的种子能生自果（如谷种子生谷子），故名功能。有许多不同的种子，就叫功能差别。

二、种子的定义

种子说的成立，是唯识学的一个重要点。因为要建立三世轮回，建立因果循环不灭，就必须要立一法，以联系过去、现在、未来，使其不断。同时又要说一种行为业力的保存，不论保存到什么时候，都不会失去效能。从这点上，也可以除去恶种而增长善种，是转凡成圣的要点，因此种子说就产生了。阿赖耶识的似一似常的自体安立，也是从这个观点上来的。种子所以成为种子的，据《成唯识论》说，有六种义：

（一）刹那生灭义：种子本身是刹那生灭的，所谓刹那生灭，即才生即灭，灭已即生。一期生灭，如人之生与死，我们可以见到，而一刹那的生灭过程，不是我们所能见到的。本来任何一种东西，都是时时刻刻在那里生灭变动，但是我们看不见它动，因为它那即生即灭的速度很快，很微细。一件事物，所以会变坏，终归之无常，就是因为它本身时刻在变动着，在生灭着；否则，没有生灭相，则事物就会常住不坏了。换句话说，人就永远不会老，也不会死了。种子是有为性，故它本身的条件，要刹那生灭。《成唯识论》云：“谓体才生，无间即灭。有胜功力，方成种子。”假如不是刹那生灭，则不能起变化作用。其次，种子必具特胜功能性，以生起自果，如谷种子若不能变为芽，那就不成为种子了。

（二）果俱有义：这是说在现行果法上并没有失去种子的性能，而且二者是不相分离的。论云：“种子与所生现行果法，俱现和合，方成种子。”如谷种子生了芽、茎、枝、叶、花蕊，原在地下的那粒种子虽然坏了，但是种子性能并不是没有的，种子的功能是和那正在发展的芽、茎、叶、枝等和合为一体的。不过，你只见是茎、叶，而不见种子罢了。其实，这叶、茎、枝，就是芽种子的扩大，就是芽种子的本身发展。换言之，种子就是芽、叶、茎、枝的缩藏罢了。故种子在这阶段上，和芽、茎等是同时现行的，种子的本身绝未消失。心识外的种子与现行法是如此，我们人生的现行业果和那能感召的业种的关系也是如此的，所以说现行与种子是和合不分的。现在的人身生命是现行法，此生命是由过去的业种子而感召的。这业种的功能，在入母胎时，种子就渐变化成为现行法。变的时间即是渐渐地长久，渐渐地长大，就是种现同时义。

（三）恒随转义：这说明种子随现行法的时间性。论云："要长时一类相续至究竟位，方成种子。"即种子随现行法一类相续，至究竟位。在外种上说，就是到结成果实的时候为止。在内种现行上说，就是至感召异熟报尽的时候为止，或说至对治道生起时，才是究竟位。依无漏道说，就是要成佛的时候，方名究竟道呢。

（四）性决定义：这是说明种子有种类性的差别点。论云："谓随因力生善恶等，功能决定，方成种子。"如善种子为善因，感乐的果报，这性质是要决定的。恶性种子，亦复如是。在外法种上也是如此，如甜瓜种子不生苦瓜等。

（五）待众缘义：种子藏在第八识中不生，因为种子必要有很多条件来帮助才发生作用。如戒经中佛告弟子说："假使百千劫，所作业（种）不亡，因缘和合时，果报还自受。""所作业不亡"就是业种子在第八识中不失不坏，遇到众因缘和合时，自会生果。"因缘和合时"即待众缘义。是故论云："谓此要待自众缘合。功能殊胜，方成种子。"这里，否定了宇宙万有的一因论的学说。

（六）引自果义：种子必能生自果，方名种子，论云："谓于别别色心等果，各各引生，方成种子。"从这一点上说，一切法的生是各从自种而生自果，绝无有一因生一切果，如上帝造万物之学说。具有这六种意义的种子，摄持在第八识中，故云："唯本识中功能差别，具斯六义、成种、非余。"又云："外谷麦等种，识所变故，假立种名，非实种子。"这是简别外法种子，非是宇宙的本体。

三、种子的产生

人生的生命，宇宙的万有，即是由各自的善恶种子而变现，但是这些善恶无记的种子是怎样来的呢？这个大问题，在印度唯识学即有种种的解说，这里约举三说：

（一）本有说：谓种子是原来有的，如论云："一切种子皆本性有，不从新生。由熏力但可增长。"若依无漏种子本有说，如云“人人皆有佛性，人人皆可成佛”的佛性，本来具足。此种佛性即是本有无漏种子，通常说为佛种。如《无尽意经》云：“一切有情无始时来，有种种界。”此中说“界”即是种子，种种界就是种种种子，这些种子，是无始而具足的，不是新生的。《阿毗达磨经》云：“无始时来界，一切法等依。”谓无始时来的种子，为一切法的平等所依，然后生起现行。《瑜伽师地论》云：“无始时来，诸法种子，性虽本有，而由染净熏发。”这也是种子本有说，但要经熏习，才能起诸作用罢了。

（二）新熏说：谓种子不是原来有的，都是互相熏习起来的。且说我们怎样会有佛性种子呢？这就要有多闻熏习，听闻正法，依法修行，如此熏习而成佛种增长。如培养善种，减消恶种，乃至最后成为纯善品的无漏种子。所以说一切种子都是新熏起来的。若是本有的，就无须熏习了，无须用功修习了。如《多界经》说：“诸有情心，染净诸法，所熏习故，无量种子之所积集。”《成唯识论》亦说：“种子皆由熏习故生，所熏能熏皆无始有，故诸种子，无始成就。种子既是习气异名，习气必由熏习而有，如麻香气，华熏故生。”这是说，能所熏法是本有的无始的，而种子却是熏习所生的。《摄大乘论》说：“内种定有熏习，外种或有或无。”又说：“闻熏习，谓闻净法界等流正法而熏起故。”此是新熏说，亦言之成理。

这里本有与新熏的两种说法，在心理学上看来，就是本能和学习的两种特性。如心理学云：“饮食男女，我们不承认是本能，因为这种种活动一部分是学习的，同时我们也不承认是习惯，因为这种种活动一部分是非学习的。每种活动皆有一种非学习的核心，但须由学习发展。这种种活动有许多是机体的基本活动，由社会形成为种种异样的模型。”又云：“我们对于每种动机，一面追寻出其非学习的核心，一面探求其所学习的影响。”我说这非学习的核心与学习的影响，就是本有种与新熏种。因为本能与习惯，易引生误会，故近来心理学家都说为“非学习的核心，及学习的枝叶”(吴伟士之《心理学》)。

（三）折衷说：主张折衷派的是护法论师，他接受了本有和新熏两派的学说，因为本有与新熏都有理由，都不可偏废，所以他觉得本有与新熏是相待而成的，必须融合起来，才能完成因果关系。本有种若不经新熏，则无法生起，反之新熏若无本有作熏习的根本，新熏无法得成，因此二者是分不开的。

四、熏习义

熏习义，这在《成唯识论》中，所说的所熏与能熏的两方面，各有四义，方可称曰所熏或能熏，缺一不可。

从上所说，我们知道因果的重心在种子，而种子的重心又在熏习，熏习就是心理上和行为上的活动作用，这种活动要二种同时动作，不过，一种是要强有力的，可以影响他法的，而不受他法之影响的，即是能熏。一种劣弱无力的，是被动的，可以吸受他法的影响力的，即是所熏。什么是所熏？所熏是第八阿赖耶识，它是无覆无记性。以其本身力量很薄弱，无抗拒力，所以受熏。能熏是什么？能熏是前七识心、心所法，有强有力的活动性，此种活动即吾人之行为动作，心、思、意、想等，由此活动力能熏第八识。前七识对境界上的活动，就是造业行动，每一个活动熏成一个种子。种子由第八识保持不坏，遇缘生果。所以吾人之起心动念，就是熏习造业。能熏与所熏各有四义，哪四义呢？

所熏四义——约第八识说：

（一）坚住性：所熏法要始终一类相续，没有变易，故曰坚住。虽有生灭但它的性质始终是一样。前七识不具足此义，所以非所熏。

（二）无记性：所熏法不可有利害对待的性质。善与恶是对待的，互相抵消的，它们的力量是很强的，谓善是善，不受恶法熏习，故不可为所熏。无记性法力量劣弱，所以无论善法来熏也好，恶法来熏也好，都可以接受其影响。如个性强的人，不会接受别人的影响；个性薄弱的人，就易接受他人的劝告。又如花一香一臭，绝不会受熏而调和。那无强性香的茶叶，最易受熏。前七识无此特性，唯第八识有，故能受熏。

（三）可熏性：在心法中唯第八识有可熏的特性，以能自在，但不是坚密常住之体，故能受熏。若如石头之坚密即不能受熏。

（四）与能熏法共和合性：和合即相应义，能所熏法，要同一时间，同一生灭，自造因自受果，和合是能受熏。

能熏四义——约前七识说：

（一）有生灭性：能熏习的法，要非常住，而且是要刹那生灭，有转变作用者，方是能熏，因为可以转善转恶。

（二）有胜用性：胜用有二：一能缘用，指前七识的心、心所，能缘虑第八识及其所变的境界。二作用强盛，染净诸法，皆有能熏的强烈作用。具此二义者，曰有胜用性。

（三）有增减性：善恶法的数量，在吾人心识中和行为上，是有增有减的，到佛果位，恶法消失，善法圆满，才无增减。故在成佛以前，一切位中，七识心、心所法皆有增减为能熏性。

（四）与所熏法共和合性：此能熏的前七识与所熏的第八识，必须要同时间、同生灭，和合一处，方有熏习。

五、种子的类别及异名

第八识所含藏的种子无量无数，这里约其类别，略为分说。列表如次：

㈠依生起说：
- 一本有种——又名本性住种——先天的——本能的
- 二新熏种——又名习所成种——后天的——学习的

㈡依有无漏说：
- 一有漏种——三界六趣中受生死的种子
- 二无漏种——对治道生起后，入见道时乃至阿罗汉与佛果位的出世种子

㈢依三性说：有善种、恶种、无记种，都属有漏。无漏种子，永是善性。

㈣有漏法种又有三种：一名言种子，二我执种子，三有支种子。

种子的异名此处略举七种：一种子，二习气，三功能，四界，五随眠，六粗重，七亲因缘。这些名义，前面已大略说过，故不再叙。

第四节　阿赖耶识之功用

一、执受作用

“不可知执受、处、了。”此中执受、处、了，是第

八识的所缘境和行相作用。“不可知”，谓此第八识的境相和种作用，在吾人第六意识上是不可明白了知的。此不可知的境相有三：

一不可知执受，二不可知处，三不可知了。先列表如下：

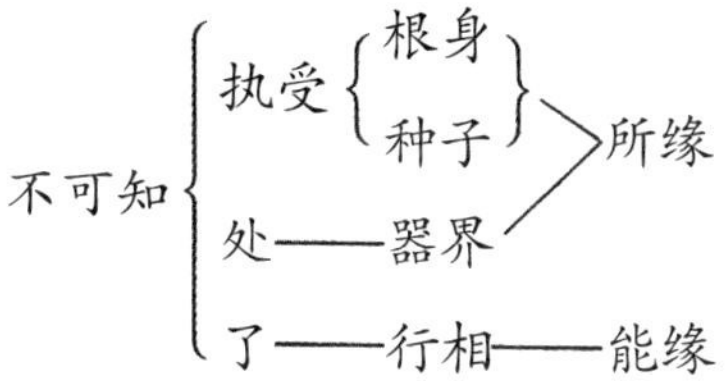

这里所说第八识所缘的境界和行相，第八识既是心法，当然是了别境界的，是能缘的；既是能缘的，则定有所缘的境界。若无所缘境，则能缘心，不得生起。故云：“境空则心空。”又云：“法不孤起，仗境方生。”此说法者，即是心法。此第八识所缘境界有三种：

一根身，二种子。此二就是第八识心所执持、所缘虑，有感受的肉体。三是器界，就是广大的宇宙，如山河大地一切物事等。

不可知执受者，第八识所执受的有二类：（一）是眼等六根，即吾人之肉体。此身若不由第八识所执持，则必坏灭。第七识无此功能，第六识有间断，所以唯有第八识，自生时起，执受此身，乃至死位，令不损坏，且同安危。第六意识所依之根，依上座部说：是肉团心；

若依生理学说：统理吾人之知觉，而发生知识者，不是肉团心而是大脑。在佛学上绝未说到大脑，盖上古尚未有此发明，今不妨说肉心即是大脑。又有部说意根是过去的六识影子，也可以说是大脑中所留下的印象，即第六意根。这意根亦属根身之一。（二）是种子，谓即第八识中所摄护一切法之种子。此根身与种子是所执受的，第八识是能执受的。由于此识一类相续，使根身不坏，且同安危，使种子不失，待缘生现行，故名执受。若无第八执受之力，根身会腐烂，如论云："如契经说：'有色根身，是所执受，若无此识，彼能执受，不应有故，谓五色根身及根依处，唯在此世是有执受，彼定由有能执受心，唯异熟心，先业所引，非善染等，一类能遍，相续执受，有色根身。'"

二、有境作用

不可知处者，"处"是处所，谓器世界，即山河大地宇宙万有。器是受用义，被有情界所受用的，都叫作器界，又名依报。这正是第八识所缘的对象，《成唯识论》云："所言处者，谓异熟识由共相种成熟力故，变似色等器世间相，即外大种及所造色，虽诸有情所变各别，而相相似，处所无异。如众灯明，各遍似一。"这是说明一切世界的现象所，都是由各各有情的第八识所变的。如经云：“一切有情业增上力，共所起故。”这里所谓第八识的共相种所变，就是显示一切万物皆不离识，皆是内心所有。由此，宋儒说宇宙万有，皆吾内心所有；近人亦说物皆有识。与此共变之义，可以互相发明。这也可以显示此阿赖耶识正是此宇宙的本体。

三、了别作用

《成唯识论》云：“此中‘了’者，谓异熟识于自所缘，有了别用，此了别用，见分所摄。”了就是了别，亦即是行相，识以了别为行相故。行相是识的动作或作用，是属于见分的。第八识的见分行相极细，第六意识所了达不及的，故云不可知“了”。

因为第六识不可知故，所以不能用现代的名词说明它的行相。在各种经论中也只有从推证上，说这阿赖耶识是有的。但是一说到它的行相，就不可知。如《解深密经》中说：“阿陀那识甚深细，一切种子如瀑流，我于凡愚不开演，恐彼分别执为我。”本颂也说，“恒转如瀑流。”要是用现代名词说，只能说是这阿赖耶识是潜意识，或下意识，或无意识，因为它不起意识的作用。这是心理学中一个中心的问题。潜是潜隐在内，而不显现的意思。心理学上说，这下意识代表心理生活，更深切更重要的部分。潜意识并不是不动，但不是平常的意识所能意识得到。这潜意识当可说是阿赖耶识，再没有别的名词可以代表。

一说到识，识的本身就有了别的作用。同时也就有其所缘之境，这是分不开的。识之了别，就是知识，知识是怎样成的？一定由其成为知识（了别）的成分所组合，而才成为一种知识。也就是说：由根境等诸缘和合，才能产生心识的意思。

四、心体四分与量果

《成唯识论》说心体有四分义。一相分，二见分，三自证分，四证自证分。相分依小乘说是指所缘的境；相分亦即是行相（影像），如吾人以照相机照相一样，只取其影子。见分是事体，即是根的作用，也就是心、心所体，如表：

小乘 { 见分——心、心所法体
　　　 相分——行相——影

大乘说相分为所缘，见分为行相，见相所依的是心体，就是自证分。凡是一事物的被认识，吾人在这境界上，一有了知识，这知识的本体就有四方面的关系。还有一说：相分为所量，见分为能量，自证分是量果，量果就是知识。依护法说，能证知量果不错误的，应该还有一个证自证分。列表如下：

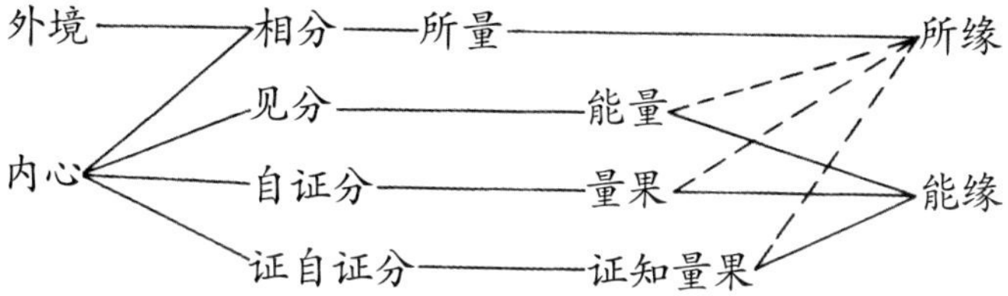

相分是所缘，见分是能缘，见分取得相分时，由自证分证知证分，即是知识（量果）。证自证分与自证分，互为能缘，互为证知，所以用不着第五分。如表：

(一) 相分——所量；见分——能量

(二) 见分——所量；自证分——能量

(三) 自证分——所量；证自证分——能量

(四) 证自证分——所量；自证分——能量

这是总说的。印度唯识学派的古师中：安慧只说一分，谓只有一个心体。如《楞伽经》云："由自心执着，心似外境转，彼所见非有，是故说唯心。"难陀等说二分，谓见与相，而以自证，谓心体即是见故，心体起时必有相故。陈那说三分，说见分外，必有自证分，这在他的《集量论》中是分析得更详尽了。护法说四分，方无留难。故有“安难陈护，一二三四”的成语。此在《成唯识论》中，广为争辩，今且从略。

五、相应心所

常与触作意　受想思相应

此说阿赖耶识相应的心所法。心所是一种心理现象，如前已说。在《成唯识论》中说，第八识的自体和行相，都是不可知的，所以它只有五个遍行心所和它相应，因为这五个心理现象是遍一切心的，也可以说这五个心所法是普遍的心理现象。

五种心所即是：触、作意、受、想、思。相应之义，谓同生灭，和合不离。此第八识，恒常与此五种心所法相应不离，故曰“常相应”，五心所的名义，如前已释，兹不再述。

第五节　阿赖耶识之感受

相应唯舍受　是无覆无记　触等亦如是

“相应唯舍受”，这句是说明第八识相应的“受”，受是五蕴中的受蕴。但这是指外境上来的刺激，也就是生活上的感觉，吾人一接触外在环境，内心上自然会发生一种感受，或说是感觉；谓感觉这一种刺激是苦痛的，或是快乐的，普通所感觉的受，可以分别的多是六识相应的受。今第八识相应之受为中立性之舍受，因此识感受性很迟钝，对外境界的吸引力很薄弱，苦或乐，它是感受不到的。若总论感受，依外境说，有三受曰：苦、乐、舍；有五受曰：苦、乐、忧、喜、舍，如表所示。又依能感受心说，有六识身受或八识身受，此中前五识上所接受的为身受，后三识所接受的为心受。

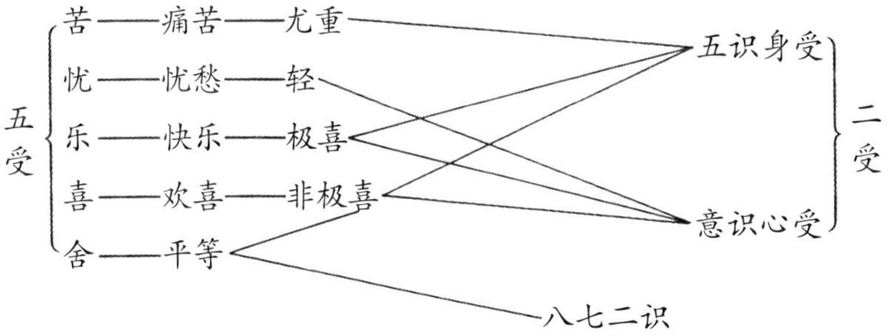

此第八识相应的受，唯独是舍受。不与余四种相应，故云“唯舍受”。

此阿赖耶识三性中何性所摄？曰无覆无记性摄。

（一）无记性：性是性类，有善、恶、无记三类故。无论什么法，都有它的性类。此阿赖耶识，“是无覆无记”

性，也可以说是中立性。无记有二：一有覆无记，二无覆无记。善恶是有记别性的，谓能记别将来的结果怎样，此就因说。无记是异熟法，是就果说的。果法只酬前因，不可再有记别性，故云“无记”。因为是无记，才可以起转变，才可以受熏习，才有修证可言。第八识是有机性的生命，但它没有感情性，所以在受上是舍受，在性上是无覆无记性。有覆是染义，谓有烦恼障覆，故曰有覆无记，留待后说。阿赖耶识，无烦恼相应，故是无覆无记性，唯识学上也曰净无记，又是无记性者，才可以受熏习，如果是善的或恶的，就有抗拒性，则不能受熏习。修行断惑，那完全要在前七识上做功夫。第八识只候前七识的转变，它是最后才转变的。又是无记性，才能为善染诸法的平等所依，因为它不抗拒任何一方。

（二）心所例同：即是“触等亦如是”。阿赖耶识，既然性是无记，则上面所说它相应的触等五心所，也是无覆无记性，五心所必与心王相应故。再广一点说，这“亦如是”之例，不但指五心所是无覆无记；其次，第八识的所缘和行相，是不可知，此五心所法的所缘和行相，也是不可知的；又阿赖耶识到阿罗汉位，方能舍除，则此触等五心所，亦须至此方转；又第八恒转如瀑流，则它相应之心所也是恒转如瀑流。因此第八识所有的特性，此五心所皆得相应，因为心所必与心体相应合作故。

第六节　阿赖耶识之因果

“恒转如瀑流”，恒就是常，显此识不断。转谓转变，变即非常，显此识的非常。此常与非常，是属时间性的，因为此识是宇宙的本体，宇宙是无始终的，所以宇宙是本体之识性，亦必无始终。故云：“非断非常。”以无自性无有实体，故能转变。在无始生死流转中，此识虽是一类性的，好像是恒常如一的东西，可是它是非固定性的转变。转变又是刹那生灭义，第二念不同于第一念，刹那生灭，念念不同，则不是永远是如此如是的。虽然不是一体的，却是相似于一体的，因为它是前后相续转的。如瀑流之水而不停，即非常住；然而前流与后流相似，却又是相似常。这说明阿赖耶识本体是恒常性的，从无始以来，乃至成佛，相续不断。六道轮回，阶位差别，皆依此识而得建立。论云：“恒谓此识无始时来，一类相续，常无间断，是界趣生，施设本故；性坚持种，令不失故；转谓此识无始时来，念念生灭，前后变异，因灭果生，非常一故。”这是说此识既是宇宙的本体，又是吾人生命之本体，不能说它从何时有，故如轮无始。但它绝对又不是固定性的一体的，不像那梵天、上帝、神我、虚空等；它是刹那转变的，好像河水的急流，后浪逐前浪地常流下去，不会停止，阿赖耶识也是如此。如《八识规矩颂》云："引满能招业力牵……渊深七浪境为风。"也显此识为生命之本体。论云："又如瀑流，虽风等击起诸波浪，而流不断，此识亦尔。虽遇众缘起眼等识，而恒相续……如是法喻，意显此识，无始因果，非断常义，谓此识性，无始时来，刹那刹那，果生因灭。果生故非断，因灭故非常，非常非断，是缘起理，故说此识恒转如流。"从这段文看，当可了知阿赖耶识的体性了。

赖耶既然非断非常，如急流的河水，岂不是永远如此吗？唯识与小乘不同。有部说过去、现在、未来三世实有；大乘唯识说过未是假，现在是实。这是"现在"，指当前的一念刹那，因为过去、未来都以现在为中心的。以现在果法上向前观察，假说有过去；向后观察，假说未来。

第七节　阿赖耶识之舍位

"阿罗汉位舍"：这是说明阿赖耶识的伏断位次。"阿罗汉"直译为"应"，又译"杀"，有毁灭摧坏之义。应者是应供、应断、应不受生死义。阿罗汉断尽烦恼，证了圣果，证得阿罗汉果，是出三界的圣者，故应受人天供养。又阿罗汉应断三界烦恼，断烦恼障究竟时，名阿罗汉，前三果圣者，只断欲界烦恼，不名阿罗汉。又古译杀贼，谓阿罗汉断尽三界烦恼，证生空真如，得有余依涅槃，及无余依涅槃之义，应不受生死，古译曰无生，谓不再来三界受生，即是断尽轮回。或曰，知诸法不生不灭之空性，故曰无生，这样的人，名曰阿罗汉（圣者）。“位”是果位，或位次。舍即弃舍、转舍义，或断除义。已证阿罗汉圣果者，即可弃舍此阿赖耶识之名，此中不曰断而曰舍者，颇有深意，以阿罗汉位断我爱执烦恼障，阿赖耶识此时即不被第七识相应之我爱所执为我故。因此即将我爱执藏的名称除了，然非断第八识之体也。

宇宙万有皆不离此阿赖耶识，一切有情，皆具有此阿赖耶识，故此识是万有之本，诸法之因。此识异名很多，约其不同的地位说，每一个名各含有一个意义，现在略说如次：

一、阿赖耶识——我爱执藏。

二、异熟识———业果报。

三、一切种识——任持一切法种子。

四、心————集起义。

五、阿陀那识——执持义。

六、所知依———为一切法等所依止。

七、无垢识———即清净心，又名无没识。

注释：

①《解深密经·心意识品》。

②《摄大乘论·所知依品》与《唯识论》。

③《解深密经·心意识品》。

④《百法论疏》。

第七章　理性的唯识论

第一节　唯识的中道义

是诸识转变　分别所分别　由此彼皆无　故一切唯识

这一颂正说万法唯识所变义。前面说过了三类能变识体，一切我相法相，都是识所变的现象。所变的就是我种种相（人生社会）、法种种相（宇宙万有）。总之说到这里，那所变的和能变的都已说明了。现在要说怎样变的道理，也就是说，心识怎样能够变现那些所变的现象呢？

“是诸识转变”：诸识是指三能变识，谓前面所说的我法种种相，都是这三能变识所转变现起的。转变有三义：（一）变现义：转则变，变则现，如种生现、现生种等，也如唯物论的量变质、质变量的道理；熊十力说变是活义，即是此意。即由此法，变换出另一种法来，由识体变现出见相分。见分就是见闻觉知等——我相；相分就是一切对象——法相。所以我法相包括人生宇宙的全体，这都不离心识，离识以外，无有实体，故说是识转变。（二）变异义：由识变现见相二分，即识自证分，现起异相，非由他生。但是见分相分，异识体故，名为变异；又见分是能观察，相分是所观察，同一识体有此见相用别，所以说变异义就是唯识转变义。（三）改转义：将识体改转成我相法相（见相）。由此，宇宙万有，我相法相，是此能变诸识之所转变，变异而起。故云："是诸识转变。"

"分别所分别"：是指所变的相。此有二说：第一说法：谓分别是见分，即吾人之种种知识分别，是依他起的，它有能取着的作用，识所变的相分境，就是那能取相分的见分上生起的种种妄执相。相分是"所分别"，也是依他起的（依识体变），就是外境是与识体发生关系意。见分取相分时，只取相似外境的影像，如眼识见色，内由净色根身（细神经），外由光线等作用，故能观见外色。但只能见色之影像，不能亲见本质实体，因为本质是第八阿赖耶识所变现的，由此说带彼相义。相分为见分所分别，见分是能分别；能分别与所分别，都是由识体上所变现的，故说唯识所变义。如表：

初说	分　别——所变的见分——依见分起我相——我执	起烦恼等
	所分别——所变的相分——依相分起法相——法执	

由此道理，深广推究，又有见相同种和见相别种的两种说法，这里只好从略了。

第二种说：颂中“分别”是指能变识体，一切识都以虚妄分别为自性故，名虚妄分别识，也就是三界心、心所法，由虚妄分别识，变现起种种外境。所分别，就是妄执似我法，而为实我实法，事实上虽不是实有，但为妄识所分别故。所以这些实我实法人生宇宙，是情有理无的，不能离开心识，故是所分别，如表：

第二说	分　别——能变识（虚妄分别）
	所分别——妄执的实我实法

分别与所分别，即是主观和客观，也就是本体与现象；这些都是相似而有，故曰：“由此彼皆无。”“由此”指由诸识转变，“彼”字指分别所分别（我法种种相），以由此诸识所转变故。彼分别和所分别（我法种种相）都无自体，非是实有，“故一切唯识”。《成唯识论》云：“是故一切皆唯有识，虚妄分别有，极成故。”“虚妄分别”是识的别名；“极成”是彼此共所承认义，因为小乘教派，都不承认唯识义，谓虚妄分别的，是有而非无。

这道理是你们小乘人所共许的，或是大乘执空论者所共许的。“唯言不遮，不离识法”，这是说明唯识的唯字。一切法都不离识体，真如也是唯识的实性，所以真如也不离识而有。以虚妄分别有，事实上是如幻而存在，既是“有”（存在）的就不能否定了说“没有”（不存在），这就是非空的道理。至于人类心理上所执的实我实法，既是心外之法，本来是“无”的，不存在的，这就是遍计非“有”。以非空故，除损减执的“无”（否定），因为事实上是存在的，若否定了则不合事实，不合事实，则成颠倒；以非有故，除增益执的“有”，因为事实上道理上原来没有（不存在）那样东西，若妄执为“有”（存在），则是多余的、不合理的、戏论的。破此二种执，就名为唯识的中道了义之教。

还有许多经教，也可以证明唯识中道的义理。如《华严经》云：“三界唯心。”《解深密经》说：“识所缘，唯识现。”《楞伽经》云：“诸法不离心。”又云：“心意识所缘，皆不离自性，故我说一切，唯有识无余。”这些经教，都是说明唯有内识，而无外境者，如前已说。

应知唯识之特点在：（一）明缘生如幻，不真实义，非谓不存在，即不否定其体性；（二）于颠倒所计执的则说为“无”；只是令知不是真实，不起执而已。如《唯识量》云：“极成眼等识，五随一故，如余，不亲缘离自色等。”兹依因明论式，应云：

宗——极成眼等识不亲缘离自色等

因——五随一故

喻——如余

这说明无论哪一个识生起缘境时，它必须亲缘自识所变现的境相，而不缘离自识之境。在《辨中边论》中，慈氏依此说二颂云：

虚妄分别有　于此二都无　此中唯有空　于彼亦有此

故说一切法　非空非不空　有无及有故　是则契中道

这是显唯识中道之理。“分别”指三界有情心、心所法；“虚妄”是形容这分别法的。这些心、心所，虽然存在（有），但是虚妄有的、假有的，谓在虚妄分别的心、心所法上，那能取和所取二者，都无实体。“此中唯有空”者，言此虚妄分别之中，唯有空性，空性也即是真如实性（理），这理性是因为空了二取所显的真实性，或是空了我法二执（虚妄知见），所证的真如境。因为真如实性，是二空性所显，所以说真如就是空性。这虚妄分别上唯有此真如实性，故云：“此中唯有空。”其实真如理性，本来如此，无所谓空不空。如云：“法界性相，常住如是。”“于彼亦有此”者，“彼”指空性，“此”指虚妄分别有，谓空性之中也有此虚妄分别。由此我们知道这两句颂，是有互相融摄的连环性。若依二论道理来说，这虚妄分别有，可说是世俗谛（世间的真实），是现实之事，是形而下的境界；空性是真谛（超世间的第一义谛），是真实理，是形而上的境界。这两句中，初句“此中唯有空”，就是说世俗谛中有真谛，如云：色即是空，也就是事实中必有理性；理性是事实上的理性，故“于彼亦有此”者，就是真谛中有俗谛，如云：空即是色，也即是理性中有事实。事实是理性的事实，所以二谛是不相离的，即是真俗不二的中道理，亦即缘起性空的中道，也相合华严宗的理事无碍法界。“故说一切法，非空非不空”者，是结语。非空即是有——虚妄分别；非不空就是无——无有妄的我与法。此二句有二解：一“一切法”者，通指有为法和无为法。有为法是虚妄分别有（非空）；无为法即空性（非不空）。二谓一切法中随拈一法，皆具二谛。“有无及有故”者，“故”字应三读之：一谓有故，二无故，三及有故。第一“有故”者，指虚妄分别有故，所以说非空；第二说“无故”者，谓我法与二取无故，所以说非不空；第三说“及有故”者，意指“此中唯有空，于彼亦有此”二句的道理。所以这“及有故”的有，含有二重“有”的意思，是互有之“有”。就是说：虚妄分别中有空性，空性中也有虚妄分别；又“一切法非空非不空”是宗，“有无及有故”是因，可以成一比量。

“是则契中道”者，是显唯识中道之义。又如唯识家对三论宗说：二谛有故，非一向空——不同清辨等；二取无故，非一向有——不同外道及小乘有部等。唯识是说俗谛假有，真谛妙有，故说一切法“有”是唯识宗；唯识又名有宗，其所以然，即在这里。

第二节　唯识的辩证法

由一切种识　如是如是变　以展转力故　彼彼分别生

这一颂说虽无外境，而识自类转变。“一切种”指根本识中所摄藏的一切法种子；非指持种之识体。种子有亲生自果的功能差别力，故能生一切法。亲生是直接地生。“自果”有等流果、异熟果，而此中所指的是等流果、士用果、增上果。“功能”就是可能性，或者是性能，谓每一种子皆有直接生自类果的可能性，这万有的种子皆含藏在第八识中。“如是如是变”者，是说一一种子遇助缘时，即能变现生起。如是种子遇如是助缘，就能变现如是果法。重言“如是”者，一是显诸法种子之多；二形容其变化的程序甚多甚多。种子生起现行果法，要经过种种变化，种子随着助缘怎样，它就怎样地变。如说外谷种子，由发芽至开花结果，可以说这些变化，都是种子在继续变化，我们人生也是如此，从心识入母胎中时起乃至出生而老死，这中间该有多少变迁。要知道人生从生至老死，中间转变千差万别，六十岁以上的老年人，回想他一生的经过，真是有不胜沧桑之感！但是这种种变迁都与自己过去所做之行为有关，行为的业种都是由心识的力量而保持，而转变，所以说“如是如是变”。“以展转力故，彼彼分别生”者，由种子的力，能生起现行的八识心、心所法，复由现行八识果法力故而与熏习成种子，如是各各种子生各类现行，各类现行再熏习成各类种子，故云“以展转力故，彼彼分别生”。由此唯识，不由有外境界，其识才能有转变，才有分别心生；就是本自类识种，可以生自分别识。

此中一颂的大义与唯物论辩证法的理论，极其相近。唯物辩证法有三种规律：（一）有矛盾合一律，两个矛盾的东西合为一种，就是黑格尔的正反合的规律。（二）是量变质质变量论。（三）是否定的否定律。唯识学上能熏法与所熏法是互相矛盾的，但是能熏与所熏法能和合起来，起共同的作用。其次由一个种子法，可以产生广大的复杂的现行果法，故由质而变为量；复由这现行法以经验等各方面的集中熏习而成为种子，即是量复变为质，故种生现现生种就是质量互变律。第三，否定的否定，唯识学上初四句义，如说“有”。对“有”说

"空"否定了"有"，次说"非不空"，就又否定了空，故事物无实性。

第三节 唯识的因果律

由诸业习气　二取习气俱　前异熟既尽　复生余异熟

此一颂明生死轮回的道理，也就是依唯识义，建立业果，业果就是因果，这是三乘佛法的通义，无业果即无佛法。因此太虚大师曾有"业果是佛教的最要的一法"的开示。"业"即是行为的活动。此有三种，谓福业、非福业、不动业，通指人天诸业。这些行动（业）其体性是内心的思业。人生的一切活动都是从"思心所"而造作。故心理学上有所谓行为心理学，就是此思心所之活动，此业能引总报和别报，故名异熟果业。其业（行为）性是才生即灭，心理（思）上生灭的活动是很快的。因此不能感当前之果，就是这种业因不能顺感现受之报。此业熏本识中，成为将来感自果的功能（业种子），遇缘则能感果，故未感果前名为习气。论说："是业气分，故名习气。"这诸业习气是人生因果律的一种因力。

"二取习气"者，二取即见相二分。见分为能取，或为我执；相分为所取，或为法执。此二取的习气详说有三种：（一）名言习气：此又有了义名言及显境名言两种（下面详说）；（二）我执习气：此又有俱生分别两种；（三）“有”支习气。总之这二取习气是感果的因缘，也是因果律的一种因力。上面的诸业习气与二取习气和合起来，可以感异熟报果（生命）。前生的业报（生命）受完了，由这些现行的习气（因）力故，再受另一个异熟果（生命）。轮回道理，如此建立，这生死的因果律，都不离识。我们为明白人生问题的究竟，下面详细地再讨论一下。

第四节　唯识的业果缘起论

佛教最注重业果轮回之说，在佛法中修学的人，就是为了脱生死的痛苦；换言之，解脱业果轮回，所以必须明白业果轮回的道理。颂云：“由诸业习气，二取习气俱”，这是说明业的，也即是说因的；“前异熟既尽，复生余异熟”，这是说轮回，也即是说果的。业是因，轮回是果，因果相续，有时间性，也有空间性，故曰轮回。业和习气是互相有关系的，兹先说之。

一、业与习气

（一）什么是业？业即行动，或即生活、活动、做事、作业。俗云：“事业”都是含着行动的意思。业的字义在梵文音译曰羯磨，译义曰造作。业从哪里来呢？如《普贤行愿品》云：“往昔所作诸恶业，皆由无始贪嗔痴，从身语意之所生，一切我今皆忏悔。”这就是说业的来源，业就是身体的行动，语言的表示，意识的活动。身与语的活动，是可以眼见耳闻的，是有表示的；意识的活动是以思为主的，《俱舍论》云：“思及思所作”，所以业的体就是“思”。思者，令心造作，凡做事或说话，必先考虑思维，然后决定行动；考虑即是思的活动，它有决定力。

（二）业的种类：业的种类很多。这里大概分为二种：一有漏业，二无漏业。又各有共业不共业。有漏业即三界以内人世间的行为，是能感召分段生死的业；无漏业与此相反，是出世业。有漏业有多种，大略可分为善业、恶业、无记业；又可分为福业、非福业、不动业。从受果时间上说：有现受业、顺生受业、顺后受业、顺不定受业。若广分之，善业中有十善业，恶业中有十不善业；谓一杀业，就是杀害有生命的有情识的动物，杀人也在内；二盗业，就是偷盗的行为，不是自己的财物等，不语而取，或武力强取；三邪淫业，就是乱人妻女等淫荡行为；四妄语业，不知说知，知说不知，欺诳他人，自获利益；五两舌业，就是拨弄是非，离间他人，说两面语；六恶口业，就是骂人的恶言粗语，不近人情的俏皮语，说来好听，实无意思；八贪欲业，这是意识上贪求的活动；九嗔怒业，这也是意识上怀恨情态，往往在不如意的事情上生起；十愚痴业，就是意识上的无知。反前恶业成十善业。这是从人类行为上说的。

二、释习气

（一）业习气：人的行为动作，可以养成习惯性的，就叫作习气。俗说：某种人有某种人的作风，某种人的态度成了某种习惯，也就是业习气。吾人举心动作，“而熏本识，起自功能，即此功能，说名习气，是业习气，熏习所成”。这业习气，就是前面所说各种业的种子，也可以说是作业活动，留下来的一种潜势力，或者说是余势力，到后来遇了缘，仍会发生作用。佛云：“假使百千劫，所作业不亡，因缘和合时，果报还自受。”就是这个道理。这些业种子在第八阿赖耶识中，条件若具足了，即会生起作用——感受果报的。这种业所感的果是异熟果；但业是增上缘而不是亲因缘。

（二）二取习气：一什么是“二取”？谓能取所取。取是执取意，能取着的是一切心、心所体；所取着的是见分相分，名色等，谓执取“二取”为实有，故曰“二取”；又有一说，谓能取是见分，所取是相分；还有一说：能取是我，所取是法。换言之，这“二取”通一切法相。二“二取”怎么成了习气呢？这“二取”的本身是很难捉摸的，它是内心思想上的执着，很坚固的执着。因此论说：“二取者谓‘二取’取”，就是执着见分为实我，执着相分为实法；这种取着在人们的心念上，久之成了习气。论云：“彼所熏发，亲生本识功能，名曰‘二取’习气。”三“二取”习气的种类：它的种类有三：（1）名言习气；（2）我执习气；（3）有支习气。

（1）名言习气者：名言即是名称；名称言说，是可以沟通人类中彼此的思想，可以产生文化，可以著书立说，可以指导人生，可以安定社会。一切的语言名称，生生世世，代代相习相传，就成了自然的习惯了，故曰名言习气。名言习气有二：一了义名言，二显境名言。了义名言，就是能诠义理的名字、名词、名称、章句、文字、符号等。因为这些都可表达一种实体的事物，或意象、义理、概念等。文字本来就是符号，从这些符号上得知事物的本体概念等，所以说了义名言，就是可以显义理之意，故《因明论》说：“宗等多言名为能立。”也即是“言了因与义了因”。

显境名言，显境指心识，心是能了别境界的，从某种意思，可以了别某种境界；又是能显现或能变现一种境界，一切的言说名称，都是心上的影子，都是随心假立的。这二种名言，都可以熏成种子，成一种习惯性的潜势力，可以作生起诸法的亲因缘；所生之果是等流果，合之曰等流因果。

（2）我执习气者：我执就是执有真实“我”的执着。这能执我的是吾人之虚妄分别心，也叫遍计所执法。我执有二种：一是俱生我执，俱生就是从无始以来与生命俱有的，非学习性的，或者说是本能的、本有的我执；二分别我执，此我执是从分别所起，或由自心非理作意而起，或由他人诱惑影响而起的我见，就是从学习成的，也叫作习所成的我执，这两种我执都通第六识和第七识。不过一切我执以第七识为根本；这我执习气就是生死的主因。

（3）有支习气：即是十二因缘，十二因缘是人生的全部历程，有因有果。十二支分，就是人类生命上的一个一个的阶段，故有支的“有”，就是指这生命而言。这有支习气，也就是前面说的业习气，或说是异熟习气，是能招感三界异熟果的业种子。此业种有二种：一是引业，二是满业。各又有二：一是善业，感可爱乐的异熟果；二是不善业，感不可爱乐的异熟果。这些都是有漏业，即是人类的生灭因果律。

如是“二取”及名言习气，对于吾人之生命果法作亲因缘，感等流果；我执习气及有支习气，对于吾人之生命果法作增上缘，感异熟果。今将三种习气表示如下：

- 三种习气
  - 名言习气
    - 了义名言
    - 显境名言
    - ——于生命果法作亲因缘
  - 我执习气
    - 俱生我执
    - 分别我执
  - 有支习气
    - 满　业
    - 引　业
    - 各有善恶
  - （我执习气、有支习气）——于生命果法作增上缘

三、二业二障二生死

二业即前面所说的引业和满业，或有漏业和无漏业；二障即烦恼障和所知障。吾人之生死相续，皆由此二业与二障为因缘故，若无此业与障，则无二种生死。《成唯识论》云："生死相续，由内因缘，不待外缘，故唯有识。因谓有漏无漏二业，正感生死，故说为因；缘谓烦恼所知二障，助感生死，故说为缘。"生死相续是各人自己内心创造的因缘，不是外来的，所以俗云："各人生死各人了。"生死有二种：（一）分段生死；（二）变易生死。什么是分段生死？论说："诸有漏善、不善事，由烦恼障缘助势力，所感三界粗异熟果。身命短长，随因缘力，有定齐限，故名分段。"这是说明生死果，是由业

感的，业感的果报——生命，是有齐限的。齐限就是寿命，寿命的长短期限，是依了前面所说的因缘力与增上缘力而限定的。复次，有了业因，定要感受果报，这譬如借了债，必须还债是一样的，所以我们现在受果报，就是还宿债；还了债，若不再度借债，以后当无债主追索。若是再行借债，势必再还，如是有借有还，无穷止了；生死轮回也是如此。若在现受的报果——生命上，不再造新业，则不复受苦果（生死），所以祖师说："随缘了旧业，更不造新殃。"证了初果的人，名为与苦作边际的人，就是因为他不再造新殃，而只了旧业的缘故，到了阿罗汉，宿债完了，就是证无生的人，因为是到了一种超生死的境界了。不思议变易生死，论云："谓无漏分别业，由所知障缘助力，所感殊胜细异熟果；由悲愿力，改转生命，无定齐限，故曰变易；无漏定愿，正所资感，妙用难测，故曰不思议。"这是说明圣者的生死，圣者受生死是自在的、随愿力的，不是随业力漂流的。众生受生死是不自在的，是受业力支配的，所以与众生不同。又众生受生死是自己生命上的挣扎；圣者的生死是为了救度大众的。论曰："无漏分别业，即三无漏学，八正道等一切功行。"此变易生死，由愿力故，随自心愿，随众生机缘，故无定期限。譬如菩萨来人世间受生，皆由悲愿力而来；在圣者的受生上，有漏定愿资助。所做度生事业，时常现示不思议的妙用。

四、由业感果的差别

业习气，定感后异熟果。因为有漏业是刹那生灭，才生即灭的，故不能感当前的异熟果。要经过一个时期之后，把业力熏成种子，将来遇缘时，才能生果，论云："展转相续至成熟时，感异熟果，此显胜增上缘。"这业种子，保持在第八识中，辗转不失，而成为将来感异熟果的殊胜增上缘。"二取"习气是感异熟果的亲因缘。论云："引未来世，异熟果心，及彼相应（心所）是亲因缘。""二取"种子所感生的是等流果、士用果、增上果。这就是人类生命的自类因果性，也即是人类生命的因果律。论云："二取种子，受果无穷，业习气受果有尽。""二取"种子与所感果相同，名等流因果，性相同故，感果甚易；又是同时生灭，感果更易，受果无穷，正是说明生命的自体。因为生命的自身是有生有灭，有因有果。但是生命是无穷尽的，就是由有漏业果转成无漏业的果，也还是有无穷的生命的。业习气与异熟果，因为体性不同，时间又不同，所以感果困难。以时间不同，所以不能说现世造恶，现世即受恶报。这是业习气与二取习气感果的不同之点。

五、轮回缘起

（一）缘起与缘生：缘生者，谓此一法的生起，无支配者支配之，也无主宰者主宰之，唯是托假众缘而生，本无今有，就果边说，名曰缘生；缘起者谓“为缘能起诸法”，就因边说，所以名缘起。如是，缘生是从果上说，缘起是从因上说，故经云：“此有故彼有，此生故彼生”，这两句是缘起论和缘生论的宗本；后来也成了龙树大乘空宗思想之出发点，是现象世界的根据。由这两句，可推知“此无故彼无，此灭故彼灭”，是超现象世界（还灭门）的境界。凡一切法都不自生，也不他生，不自他共生，也不无因生；其生从缘而生。依这两句来分别缘起缘生的话：“此有”“此生”，是指缘起性；“彼有”“彼灭”，是指缘生相。缘起性，是有无相待的；缘生相是生灭相待的。由缘起而缘生故，说一切法空无自性。

（二）轮回缘起：谓无明缘行，行缘识，识缘名色，名色缘六处，六处缘触，触缘受，受缘爱，爱缘取，取缘有，有缘生，生缘老死、忧悲苦恼等，生死轮回由此建立。兹略明十二缘起的自体相：“无明”属行蕴所摄，即贪、嗔、痴的“痴”，为根本烦恼之一。“行”指身、语、意三种行为，行体是思，行蕴中摄。“识”谓阿赖耶识，入母胎时，此识揽父精母血以成肉体，名羯罗蓝，此时羯罗蓝为此识所执持，渐令增长。“名色”属有漏五蕴，在母胎中，六根未分明前，色是肉体，名指心识。“六处”即六根完备，此后即可出生人世。“触”是第八识相应的触心所，及六处六境之相接触（刺激）。“受”是知苦乐的感受，所谓感情作用，是受蕴摄。“爱”是贪爱，在婴儿时已有，是俱生爱。“取”是驰取，执取追求的意思，追求生活一切，烦恼都由“取”来。“有”是取与识等五位（名色、六处、触、受）和合而变成的行动，名“有”，即是业有，亦名报有。此异熟报与“取”和合，而有身体之行动及烦恼心理之活动。“生”是未来之异熟（生命）果。有“生”则必有“老死”。二法都以五蕴为体。这十二有支，可以合为四支；同时也不出惑业苦的三种关系。如表：

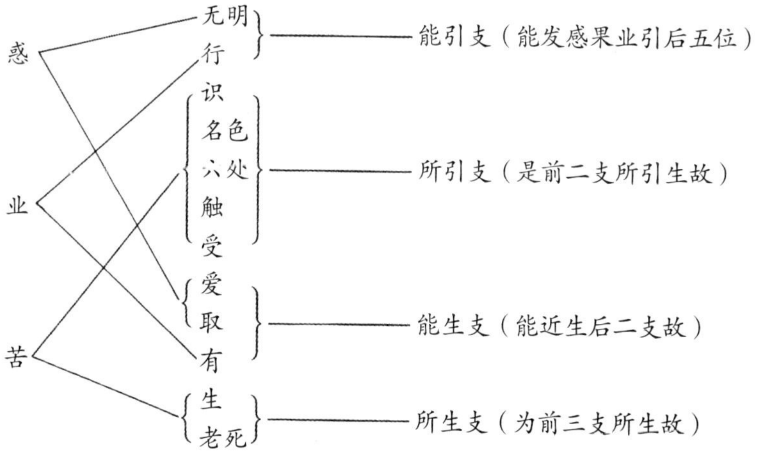

关于十二有支三世因果的道理，在大乘唯识说一世一重因果；小乘说三世两重因果。它们所说虽异，却各有道理，兹列表如下：

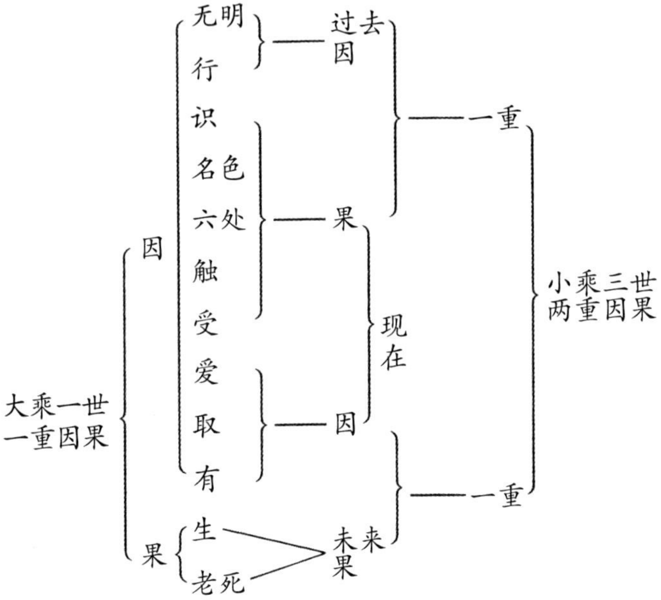

此十二支中，又包括业习气及二取习气，前十因中的“行”及“有”是业习气。“无明”“识”“名色”“六处”“触”“受”“爱”“取”是二取习气。由此业习气及二取习气，故有轮回之因果律。

六、结论——业果唯识

《成唯识论述记》云："如是业果，前中后际，生死轮回，不待外缘，既由内识，净法相续，应知亦然。谓无始来，依附本识，有无漏种，由转识等，数数熏发，渐渐增胜，乃至究竟（成佛）。"此中净法即是无漏种子，令得渐渐增胜，即是能转二障种子，断二种生死，得二种转依果。即是究竟解脱，无碍自在的佛果。一切唯依内自识力，不借外缘，故说唯识。

第五节　唯识的三性三无性

一、译三自性义

《成唯识论》说："若唯有识，何故世尊处处经中说有三性？应知三性亦不离识。所以者何？"颂云：

由彼彼遍计　遍计种种物　此遍计所执　自性无所有
依他起自性　分别缘所生　圆成实于彼　常远离前性
故此与依他　非异非不异　如无常等性　非不见此彼

此三颂说明三种自性。三自性者：一遍计所执自性，二依他起自性，三圆成实自性。此三性可诠一切法，一切法不离此三性。若识外有三自性者，唯识道理，不能成立；若识外无三自性者，则违背佛说。这三颂就是解答此一问题的。今先说明三自性意义：

（一）遍计所执自性：遍计就是周遍计度，是意识上种种推求，所谓心理活动。所执即心所执着的事物，先依颂文说："由彼彼遍计"者，彼彼是形容这能遍计的心念甚多，虚妄分别的心识是能遍计；"遍计种种物"，物即事物、事体（法），有能遍计的心，必有所遍计的事物。此中遍计可作动词说，即推度计执之意，由此许多能遍计的心理，去推度种种的事物，以为此是真实的，彼是虚假的；此是善，彼是不善等，其实，这遍计心所，实无体性，如一切法中根本无"我"，更无"我所"，因为一切法皆托因缘生，无自性故；无自性即是空，故说遍计所执自性空。

（二）依他起自性：依是仗托义，因为一切法，都是仗因托缘而生起的。依他起法的自性，是"分别缘所生"。此中"分别"是指有漏和无漏的心、心所法，此等心法，都有能缘虑的作用，又都是依他起的。又一切法都是依了虚妄分别为因缘故，方能生起，所以说分别缘所生。又说：谓分别是指一切心品之见分，这见分是缘所生，见分要内仗见分种子，外借境界知识等缘，才能生起。应知此中虚妄分别，是缘所生，缘所生义就是依他起义，故因缘就是一切法。因此，这二句颂文，是总说一切染净诸法的依他起性。

（三）圆成实自性：依字义说：圆是圆满，离颠倒义；成谓究竟；实是不虚谬义，即是真实，合之即圆满合理究竟真实的意思，名圆成实。这圆成实的别名，有真如、法界、法性等。“圆成实于彼”，“彼”字指依他起自性。这是说圆成实性，于依他起法上有了一种关系。什么关系？谓“常远离前性”；“前性”指遍计执性，谓圆成实性在依他法上，是恒常毕竟离去了前面所说的遍计所执自性，就是圆成实性了。

这里说一个譬喻：譬如有人在黑暗中见一条绳子，疑以为蛇，妄生恐怖。这绳上的蛇的观念就是遍计所执，因妄执是真蛇，所以心上生恐怖，其实是绳而不是蛇。绳即是依他起，后来见绳是绳而非蛇。在绳上离了蛇的观念，即是圆成实性。又再去明察，绳是麻做的，绳的自性也没有，即见圆成实性。

“故此与依他，非异非不异”，此说三性的关系。“此”指圆成实自性，圆成实和依他起，即是真理与事实，二者是“非异非不异”的。“异”就不同；“不异”即是相同；“非不异”此中用两个否定词，就是双遮，谓真理是真理不是事实，事实是事实不是真理，故不可定说是一个，也不说二者是绝对的两个。但是真理要事实去显，事实也要真理说明，离了真理没有事实，离开事实也无真理，故二者有着密切的关系。

“如无常等性”，这是举小乘佛学相证。此中“等”字是取“苦”“空”“无我”。苦、空、无常、无我，名为四法印。略以一表明之：

事实	有漏法——苦　性		理性
	缘起法——空　性		
	诸行法——无常性		
	诸　法——无我性		

如无常性与有为法，不能说是异，以无常是有为法的共相；但也不能说是一，若是一故，就无差别了；余三也如此说。这圆成实性与依他起性也是如此的。“非不见此彼”，此中“见”是观见、证悟的意思；非不见者，就是可以观察的意思。“此”是圆成实性，“彼”是依他起性。非不见此者，是说在有为法上，不是没有观见（证悟）这无常性（即是真如性），而能证悟到有为诸行的所以然；换句话说，见了圆成实性，才能了知依他起性是如幻。“有”假若不除去妄见的遍计执性，则永不能观见圆成实性；不悟圆成实，也就不能了知依他起性如幻而“有”；不了依他起性，则永远是遍计执。以譬喻说：要了知是麻，才知道绳是假的，若不知是绳，总执为蛇，

哪里晓得绳是麻做的！

二、别说五法三自性

此三自性义，在唯识教法上，是很重要的。唯识教义的成立，三自性是其总纲，现在特别说一说。

（一）遍计所执自性

（1）能遍计与所遍计：能遍计就是吾人之虚妄分别的心、心所法。因为一切动作行为、语言谈论、思想计划等，凡一切心理的活动作用，都是这个心识，这是属于主观的。所遍计是指一切对象的事物，为吾人意识和五官（五识）所觉察到的一切现象世界。所见闻觉知的，和所思维的种种外境界，都是所遍计，是属于客观的。

（2）能遍计自性和所遍计自性：第一关于能遍计的自性有两说：一指三界有情的八识心、心所法，都是能遍计的。因为第八识是能缘的，也是以虚妄分别为自性的，皆似所取能取现故，所以都属能遍计；二能遍计的心是指有漏的第六识和第七识心品（心、心所），能遍计外物的绝不是八个识，凡是能执我执法的，才是能遍计的。那么，第六、第七二识就是专门执我执法，所以只有有漏的第六、第七二识才是能遍计的（计度分别）。论云："唯有意识（六、七）是遍计故。"第八识与前五识都非分别计度，故非能遍计。其次，遍计自性是什么呢？谓五蕴上的我相、法相、见分、相分。《摄论》所说依他起性是所遍计。宇宙现象，皆依他起，故所遍计就是万有现象。第三遍计所执相又是什么呢？遍计所执与遍计所执相不同。前是依他起性的，后是遍计所执性。遍计所执相有二说：一说三界心、心所法所生的见分相分、能取所取、我相法相。唯此二性，说为所遍计执相。因为二取都是无始无明等熏习所成的。但这我法二取的相状，都是情有理无的，故属遍计所执相。一说：一切心、心所法，由熏习力从缘生故。遍计依斯妄执，定实有无，一异，俱不俱等，此是遍计所执相。

（二）依他起自性

什么是依他起性？这里略说：一《成唯识论》云："众缘所生心、心所体及其见分，有漏无漏皆依他起，依他众缘而得起故。"此处不但说有漏有为是依他起性，就是佛果无漏有为功德也是依他起。二《摄论》云："圣教所言：唯量唯二种种，皆名依他起故。"量即是知识，依量可以准知一切事物的真理，无错误者，所以量就是知识。见分相分等，谓吾人的知识心理体性和能取所取，每类都有种种的差别相，这些都名依他起法。三《楞伽经》云："相等四法，皆名依他起。"就是五法中的名、相、分别、正智四法，皆是依他起。真如一种，是无为法，非依他起。由此三说，我们知道依他起法，是统指宇宙一切事物的。又此依他起法，也就是因缘所生法，一切世间流转门法和一切世间还灭门法，都要建立在这因缘性的依他起法上。

（三）圆成实性

圆成实性有狭义和广义的两种：约狭义说，谓单指二空所显的真如，为圆成实性，是一种理性，是无为法。何谓二空所显？谓由空了能取所取和我相法相的颠倒执着所显示的真如实性，我法不空，真如不显故。以生空智破人我执所显的是生空真如；由法空智破法执所显的名法空真如。真如即是实相，又名法界、空性、法性、不思议性、圆成实性。圆成实者要有三义：一普遍义，二常住义，三非虚妄义。离这三义，不名圆成实性。次约广义说圆成实，包括二空所显的真如，以及无漏有为的一切功德法（三乘菩提果法）。涅槃、择灭无为等，皆是圆成实摄。因为无漏功德是远离颠倒自证的境界，也有普遍、常住、非虚妄义，所以得名圆成实性。这广义的真如，和《起信论》中所说的真如含义是一样的。唯识家的正义，是指前狭义说。

（四）三性相互之关系

（1）遍计执与依他起：依他起法是虚妄分别，为世俗谛，是“有”法。遍计所执是虚妄分别所执着之实我实法，是“无”法。如是二者一有一无，则非不异。所谓现象世间的种种境相，此一切法，虽是依他缘生，众缘和合，是存在的假有，而不是真有实有。恰如《金刚经》颂云：“一切有为法，如梦幻泡影，如露亦如电，应作如是观。”这样说因缘法是假有幻有，是思维上智慧上考察之后的一种悟境。遍计所执的实我实法，若是了知无有自体性，也是一种悟境。这二种说明，在事实上是真实如此的，不过在常识上却是相反的。在常识上是执我法为实，不会知道因缘生法依他性空。又遍计执是情有，依他起是假有或道理有，故非不异。这也不是常识上的看法。但不论妄情有与假有，在常识上同是有，故非异。世亲云：“意识（六、七）是遍计此依他起为所取所缘境性，能生遍计，亦是遍计所执。即依他起为境，生遍计心义，名遍计所执性。谓彼意识是遍计，缘彼相貌为所取境，为所遍计。由此依他亦名遍计性，故非异。”无性云：“非异者依他起有，遍计所执有。‘异’望哀‘有’，可得言有，‘无’望‘非有’（无），非可异故。彼既是无，望何为异。非不异者，有与非有，不成一故。”

（2）圆成实与依他起：依前遍计所执是“情有”，今说圆成实是“妙有”，依他起是“幻有”，此二不同，则非不异。另一方面说，则非异，因圆成实是依他起法的真实性，若异，应非彼性，若不异，依他起法应是常，或者圆成实应是无常。而实不尔，故二者异。又依他起是凡圣境界，唯圆成实是圣者的境界，为圣者所证。圣者虽能缘依他起，但凡夫却不能体会圆成实，这就非不异了。又依他起多依染分说，圆成实是依净分说。圣者之智慧有二：一根本智，即无分别智，亲证圆成实性。二后得智，多指有分别差别智（有时也无分别）。得根本智后，起差别智，缘依他起差别法相，故此圆成实，与依他起非不异也。若定执不异，圆成实应为后得智所缘，或依他起性，应为根本智所缘。而实不然，故非不异。《成唯识》结论云：“故非一异，法与法性（依他起与圆成实），理必应然，胜义世俗，相待有故。”

（3）圆成实与遍计执：圆成实与遍计执的关系，如明与暗的对立。有光明即无黑暗，有黑暗即无光明。证悟了圆成实，则无遍计执，有遍计执，则无圆成实，这是迷悟对立的，故非不异。然遍计所执实本无体，如龟毛兔角。遍计性空，即是圆成实，故亦非异。

（4）结归三性唯识：三性是以依他法为中心的，若无依他起法的存在，前后二性都不可得、不可说。依他起性法，就是虚妄分别，虚妄分别即是心识。所以论说：“虚妄分别有。”前遍计执是依他起性上的妄情计执；后圆成实，是依他起性上的真实性。所以离了依他起法，前二性根本不可得，由此说唯识义。但在智慧的证悟上，证此圆成实之后，才能了知彼依他起性的如幻存在。若未悟遍计所执的性空，就不能如实知圆成实性。因此在修证的程序上，是要先破遍计执，以除证圆成实的障碍。又无分别智证真如已，后得智中，方能了达依他起性，如幻事等。如有颂云：“非不见真如，而能了诸法，皆如幻事等，虽有而非真。”

（5）三性与五法：五法在唯识宗，各经论中都有演说。五法即名、相、分别、正智、如如。“名”即是名称言说，宇宙间一切事物的名称，一切文字学说，文化思想，都从这名上建立。“相”是万事万物的体性相状（法相）差别事相。总而言之，即一切现象界。“分别”就是心理上的思想知识。“正智”是超世的无漏智慧，包括世间正智。“如如”即真如实性，就是宇宙的实际理性。此五法可摄以世出世间的一切法。如表：

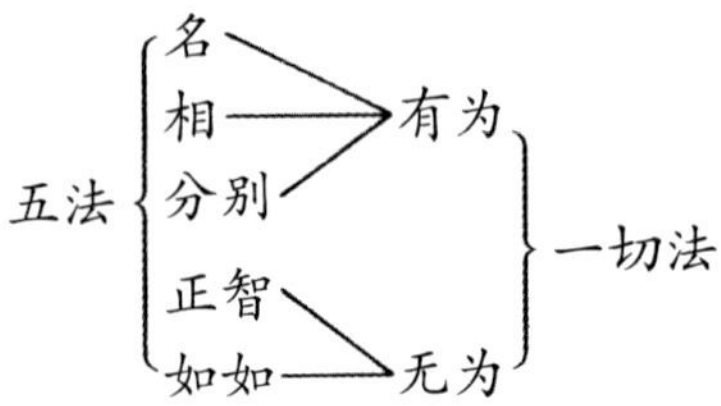

依《瑜伽师地论》说：五法皆与遍计所执无关。如如的真如，即是圆成实性。余四皆依他起性。名是能诠的假法，是有漏心识所变似的。相是所诠的义理和事相，分别是能变似的有漏心、心所法。正智是能变似的无漏心、心所法。所以此四法，皆依他起。如表：

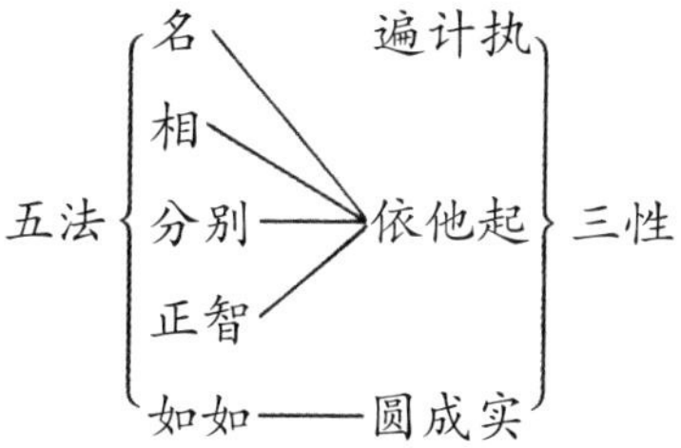

依《辨中边论》说：遍计执无实体，但有假名，故名属遍计执法。相即相分，依心识变。分别是见分，属心、心所法，此二皆是依他起性。正智如如，皆无颠倒，是圆成实性。如表：

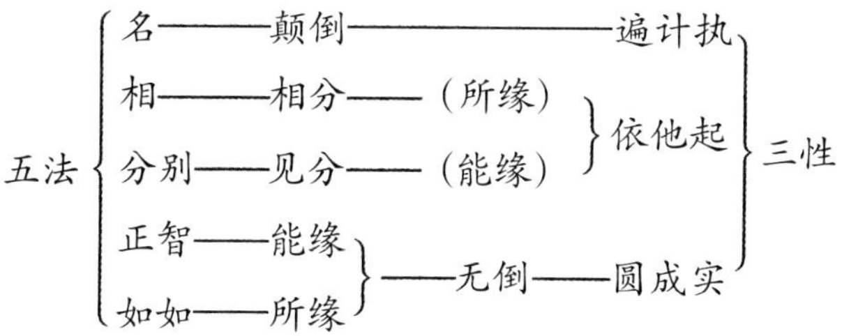

依《楞伽经》说：名是能诠表事物的一切名称言说，

相是所诠表的法相法义，此二者是情有理无，故属遍计执。分别是有漏心、心所，相见二分，是依他起。正智与如如，远离颠倒，是圆成实。如表：

五法			三性
名	能诠	情有	遍计执
相	所诠		
分别	有漏心、心所		依他起
正智、如如	离颠倒		圆成实

三、释三无性义

依《唯识论》云：“若有三性，如何世尊说一切法皆无自性？”颂云：

即依此三性　立彼三无性　故佛密意说　一切法无性

初即相无性　次无自然性　后由远离前　所执我法性

这两首颂是说明三无性义，也是解释唯识学上的一个重要问题。前说三性不离识有，而佛陀有处说三无性，唯识说有三性，岂不是相违？这二颂就是解答此一问题。谓依了此三种自性，而建立那三种无性。不是离了三种自性之外，别有三种无性。故佛世尊以密意趣，说三种无性。密意者，就是不显了的意思。也就是说：说三无性者，是不了义教。依唯识诸论师的意思，说一切法空，都是不了义之教。他们以为事实上理性上，一切法都不是无性的，一切都不是空无的。不然，就成了否定现实，拨无理性了。但佛说无性，是另有用意的，如《成唯识论》说三无性，并非无性。

"次无自然性"，次依依他性建立生无自然性。生指依他起法，诸法皆仗因托缘而生，则无自然性。世间的自然科学都说一切事物从自然而生，佛教不承认自生，也不说他生，更不说无因自然生，所以佛说由因缘生。如马胜比丘颂云："诸法因缘生，亦从因缘灭，我佛大沙门，常作如是说。"就是破自生、他生、共生、自然生的邪说。依此缘生说无自性性。

"后由远离前，所执我法性。"后依圆成实性，建立胜义无自性性。谓圆成实性是由远离了前遍计所执的实有我相法相，所谓真实的境界。真如就是胜义谛，故说胜义无自性性。

第六节　唯识的真如性（明唯识性）

此诸法胜义　亦即是真如　常如其性故　即唯识实性

前面二十四颂，是明唯识相。这第二十五颂，是明唯识性。性即唯识所显之胜义，亦即圆成实性。本来在依他起法上，不是妄情所执，当然即是胜义谛摄。不说依是胜义者，恐滥圆成实也，远离颠倒，即是真如。常如其本性，故名真如，谓如诸法之本性，而不增减。如论云："此即如此，非不如此，是即如是，非不如是。"此即诸法本来面目，一切事物本性如何，我们即还他如何，不加色彩和增减。这就是唯识的真实性。所谓胜义、真如、唯识实性，都是一体异名。

第八章　实证的唯识论

第一节　总说

前二十五颂已广明唯识相和唯识性，就是已经说明了唯识的理论；此下有五颂明唯识位，就是要说明唯识学上修证的实验境界。但是这种实验实证的境界是依唯识的理论建立的，所以是先明理论，次明实验的行为。唯识学所说明的都是从众生本位上说明了宇宙人生的现象和理性。在说明宇宙万有现象时，谓一切都不离识，都是识变。以阿赖耶识为缘起的中心，在说明人生的死生相续，以及苦乐等差别，又都是赖耶、末那为中心的业界缘起，特别说明十二有支的人生本质。对这些识变的事相因果等真理，须要去证悟。若不证悟，说了有何利益？说这证悟的行果，都是大觉者们所经历过来的，我们当可依之去修学。因此，有明唯识学修证的阶位次第的必要。又佛法重在修证，不单是说理论了事的（如果不将佛学当作纯粹学术去研究的话）。明理之后，必要依理实行，实行就是要以自己的身心去实验。经云“法随法行”就是此意。修学行证上又必有一种程序，和每个过程所修学的方法。此下五颂是说：依唯识教，修唯识行，证唯识果的一种程序。在未讲五个位次的颂文之前，先把《成唯识论》上一段文引来，说明何人能修证唯识行果及如何悟入唯识的五位，作为实证的唯识论的序言。论云：

“如是所成（建立）唯识相性（理论），谁于几位？如何悟入？”

说明了唯识的事相和理性，原是修行者入修的一种境界上的方便。理论既然成立，当然会有入修的程序。此中设三问：一什么人能修此种法门？二于修行中要经过几种位次，方可证入唯识相性的真理？三修习什么方法和怎样悟入唯识真理？

“谓具大乘二种姓者，略于五位渐次悟入。何谓大乘二种种姓？一本性住种姓，谓无始来依附本识，法尔所得，无漏法因。二习所成种姓，谓闻法界等流法已，闻所成等熏习所成。要具大乘此二种姓，方能渐次悟入唯识。”

简单地说，要具备大乘佛法上的二种种姓之人，依了五种位次，渐渐地可以悟入。从这个答案，知道唯识讲修行，是不说顿悟的。这里所谓本性住种姓，就是吾人原有的成佛之可能性，也就是无漏种子，或曰如来藏，或曰佛性等，亦为吾人之觉性也。此种觉性从过去有生命以来，附托在阿赖耶识中，所以说“本性住”无漏种子。吾人及一切有情具备了这一特性，就可修行悟道。习所成种者，就是从闻思修三慧等熏习所成的有漏善法种子。“法界等流”者，法界是佛所证的境界，也名法身；成佛就是证法界性，故法界即是大觉的境界。法界等流，谓从佛陀自证圣智境界中平等流露出来的法，名法界等流，也名等流身教，所谓“诸佛如实而证，如证而说”的一切教法是也。闻法界等流法已者，谓从善知识前，听了佛陀的教法。“闻所成等”，等是等取思所成慧，修所成慧，谓学佛法的入门，就是要先从这闻思修三慧上去学习，自初发心修学佛学时起，皈依三宝之后，由第六意识及其相应的信、解、念、定、慧等心所法为主而修习之。闻所成慧，就是亲近善友，听闻正法，所得的知见和智慧。思所成慧，就是听闻正法以后，善自思择所闻所了的一切经教，而得的知见和智慧。修所成慧者，修是修习，即是修定，也就是身心生活上的实行，即是把所思维，所研究的佛法，应用到个人的生活上去，及推广到社会上去，以佛法去改造自己和他人的思想与行为。在三慧修习的过程中，包括戒定慧三无漏学，三学是入佛法之要门。吾人之意识上由此三慧和三学，可以熏习而养成善心和善行。善心善行，日日增长，不给恶心、恶念、恶行以生起的机会，则恶法自然失去势力，善法自然增长势力，由此方可助成本有无漏种子的生起。如表：

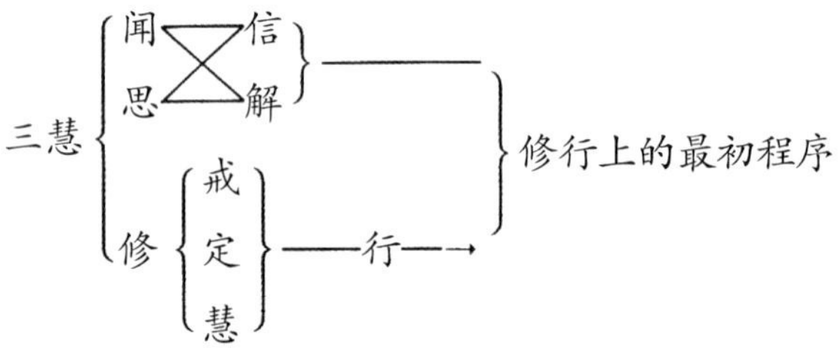

“何谓悟入唯识五位？一资粮位，谓修大乘顺解脱分；二加行位，谓修大乘顺抉择分；三通达位，谓诸菩萨所住见道；四修习位，谓诸菩萨所住修道；五究竟位，谓住无上正等菩提。”

解脱是涅槃果，解脱“分”即证涅槃之因，欲证涅槃，必须准备一切资粮；资粮即是福德智慧，二者缺一不可。抉择是智慧，抉择“分”即是大菩提因，修般若行；是抉择分，近见道故，亦名加行道。修证此二位者仍是内凡，未证真如，未入圣道；亦名贤位，近圣智故。入通达位时，才证圣道，亲见真如理性。悟即不迷，是观照义，道即真如，故又名见道。入见道者，通达真如名为圣者，菩萨见道后，然距菩提大果，尚属遥远，必须修习断除所余烦恼，故有第四修习位。再经过十地位至究竟佛位，方成佛果，安住无上正等菩提。

“云何渐次悟入唯识？谓诸菩萨，于识相性，资粮位中，能深信解；在加行位，能渐伏除所取能取，引发真见（无漏智慧）；在通达位，如实通达（证悟）；修习位中，如所见理，数数修习，伏断余障；至究竟位，出障圆明，能尽未来，化有情类，令悟唯识相性。”

此中菩萨者，谓具大乘二种种姓，发大乘菩提心者而言。此中所说渐次悟入的境界，在下面当依次广说，故此从略。

第二节　资粮位

乃至未起识　求住唯识性　于二取随眠　犹未能伏灭

论云：“从初发深固大菩提心，乃至未起顺抉择识，求住唯识真胜义性，齐此皆是资粮位摄。”“大菩提心”简别声闻菩提心与独觉菩提心。“深固”谓发深广坚固的菩提心，不为恶友世俗所转移。“抉择识”即加行道的加行智，也就是二取空的观慧，其所以说识而不言慧者，以在初发菩提心学佛，修习资粮，分别心多，胜于观慧，所以说识。“唯识真胜义”，就是一切法的真如实性。从初闻法发菩提心时起，学者内心上，有希求安住真如境界的愿望，乃至未起抉择分智慧以前，都是资粮位。住此位中，要经过一段很长的时间，修福德智慧，以为将来证涅槃的资粮，名资粮位。第二句中之“二取”即能取所取，能取即吾人的主观心识，所取即所观的客观境界。“随眠”即是种子或习气的别名。此中“二取”名“二取取”，取即执着，谓执着有能取的主观我和所取的客观法。菩萨在此位中，这种随眠(种子)“犹未能伏灭”；伏灭是压制义，不是断除义，在此位中修学佛法者，可以降伏二取，即我相法相观念的现行，但种子是仍存在的。在资粮位中，从初发心学佛起，即修此顺解脱分。修习的目的，论云：“为趣无上菩提。”证菩提是自利的，但自利必须利他。又云：“为有情故，勤求解脱。”利有情是利他，这是说为利他必先自利。自不解脱烦恼业苦，如何能度众生？所以自利利他是相关的。但凭什么能力开始修行呢？论说有四种殊胜力可以依之修行：一依因力，即吾人本住的成佛种子，深信自己能成佛；二依善友力，即亲近善知识——诸佛、菩萨等，从他们面前，听闻正法，养成智慧正见；三依作意力，学佛者要时时刻刻地注意，不忘失其菩提心，提起念头来警觉，以免放逸，招引过患。这作意即是第六识相应的作意心所，有了作意，自然可以增加意识的向善力量；四依资粮力，即三十七菩提分法、六度四摄、四无量心等法力。总之，唯福与智，今依六度说明福智两种资粮。别有二说：一说前五度是福，后一度属慧。如表：

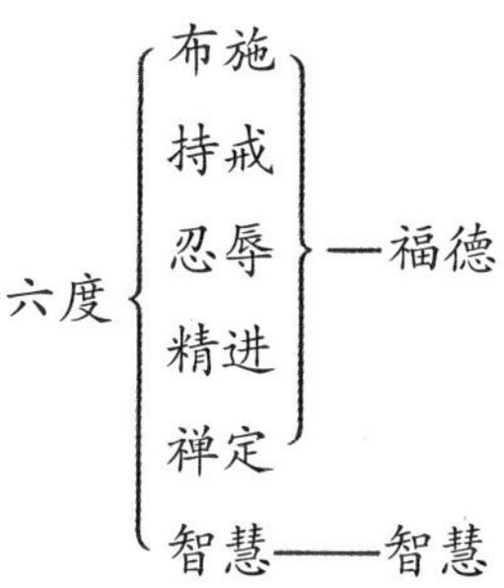

又一说：施、戒、忍、定四度是福德，后一度是智慧，精进是双关的。如表：

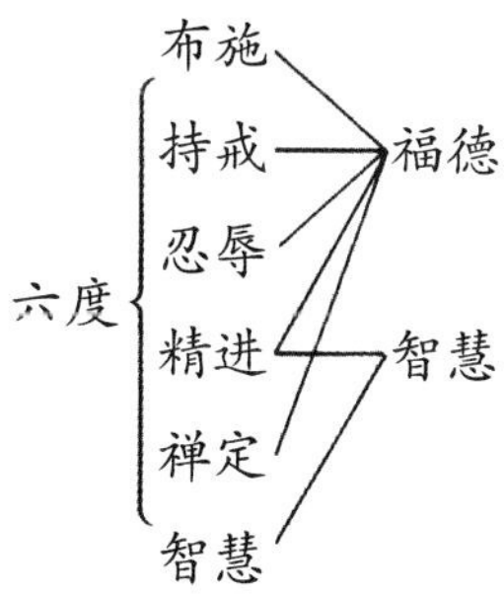

又说福智都通自利利他。若别分别，则三十七道品、六度，是自利，属智慧方面；四摄（布施、爱语、利行、

同事）、四无量心（慈、悲、喜、舍），是利他，属福德方面。如表：

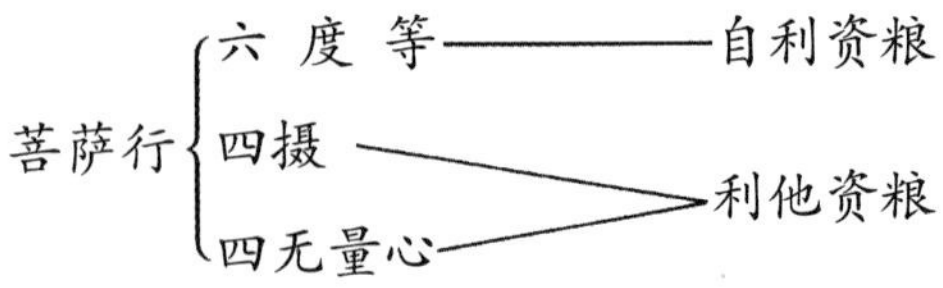

在修习资粮位上，因为智慧力没有增强，所以大菩提心，很容易退失。依《摄大乘论》说：学者要有三种磨炼其心的方法：（一）闻菩提广大难成，心生畏难，则便退失。此时菩萨要引他以励自，应该这样想：释迦牟尼佛等，以前也是凡夫，他既成佛，为什么我不能成佛？俗云“彼既丈夫我亦尔”，“有志者事竟成”，以此磨炼其心，策发大愿，则能不退。（二）因闻布施等菩萨道难行，也会生起退心。此时要提起兴趣上的意乐，认定修菩萨行，是人生应走的正路，必须快乐地兴奋地前进，精神上不感痛苦，要在日常生活上随宜而行。因为修学菩萨法，不是说离开人间社会，离开现实生活，而另有一种生活，那种生活才是修行，初学佛者有了此种观念，即是大错而特错。应知佛法是要应用到人类生活上的，即在现生活中去依佛法之理而行，这样就不会退失菩提心了。故云：“佛法在世间，不离世间觉。”（三）闻佛成得二种转依果，极难证得，心生退失，应作如是想：他人粗行尚不退转，况我细行。应常如此磨炼其心，令不退转。这是初修资粮位中，时常要警觉的。

第三节　加行位

现前立少物　谓是唯识性　以有所得故　非实住唯识

这一颂说加行位，正明菩萨修学智慧，或求知真理的方便。菩萨经过一个长时劫修学资粮圆满已，尚未悟道，见唯识性，所以进一步为证唯识实性，勤修观慧之加行。言加行者，近见道故，名为加行；又名顺抉择分，抉择是智慧的功用，顺抉择者，谓随顺真如境界，起抉择的智慧，观真如境而不颠倒。在顺抉择分的行位中，须经四个位次：一暖位，二顶位，三忍位，四世第一位。可以说资粮位是偏于修福的，加行位上是偏于修慧的。此加行四位，趣见道故，都是修慧的阶段。《俱舍论》颂云："将趣见谛道，应住戒勤修，闻思修所成，谓名俱义境。"论曰："诸有发心将趣见谛道，应先安住清净尸罗，然后勤修……闻法义已，无倒思维，思已方能依定修习，行者如是住戒勤修，依闻所成慧，起思所成慧，依思所成慧，起修所成慧。此三慧差别相云何？毗婆沙师谓三慧缘名俱义，如次有别：闻所成慧唯缘名境，未能舍文而亲义故；思所成慧缘名义境，有时由文引义，有时由义引文，未全舍文而观义故；修所成慧唯缘义境，已能舍文唯观义故。”此中所说和大乘所说之四寻思观极为相近。在这四位中，如何修习？谓在此加行位中，行者依闻思修三慧，修四寻思观，四如实智，趣向见道，渐次证得无漏智慧。四寻思观者：

一、名寻思观。

二、事寻思观。

三、自性寻思观。

四、差别寻思观。

一、名寻思观者，名是一切事物的名称，对于一切法上一一名称，去推求观察，寻思抉择，此名从何来？名称与那实物的关系怎样？则知每一法的名称，都是从吾人心识上假立的，名唯是名，与实事无关。但是众生不了名事无关，常因名而有喜怒哀乐的种种情绪发生，都是因为执名为实而起的。有修养的人，不动喜怒的情感，就是因为他能在平常时时修养和观察。

二、事寻思观者，事是事物，是有体有相的实物，如五蕴、十二处等，山河大地等，人、牛、马等，一切现实的东西。这一切的事物，都是属于见闻觉知的感觉对象。行者对此从实事上去推求，用慧心去观察，不要依着名称去观察，要离掉了名词去认识实事，则实事唯实事，与名无关。若依名字去推求，就不会得到事物的真实，因为一物不一定是一名，一物有多名，若依名去识取物，就会发生种种错误知觉。若执实事由名诠表，如多人共一名，呼一名时，数人共应，究竟此一名应指哪一位呢？故依名取事易起错觉，此事与名实无关系。但在常识上，名与事的关系是有的，那只是普通的一种习惯。是因为久远劫来和现前人事熏习所成，代代相传，由此而有了文字、语言、文化教育等。求真理要如实观察，就要离开名字，观察那事物的实体，事物离名而成实体，则要知道那些实事，都是吾人心识上变似的相分，因缘所成，离识非有，无有自性。故现象的实事，都是假立，都是心识上虚妄变现的。世间人认为名事是不相离的，而生了很多的颠倒执着，现在要观察名事各别无关，即能离此颠倒妄执，即是《摄论》所说的“名事互为客”了。

三、自性寻思观者，自性即每一法的自体性或独立性。这独立性是特殊的，不共他法的，还要观察是名的自性及事的自性。修此观时，观一切法的独立性不可得，皆是唯识所现，离识非有，渐悟诸法之名事自性皆空。

四、差别寻思观者，即观察名和事上的差别相，如名之一言、多言等，事的大小、方圆、长短、善恶、漏无漏、生住异灭等种种差别，无论哪一法，都有差别相。应观察此差别相，亦唯假有离识不可得，渐悟法相空性。

这四观法是修唯识止观最初入门的观法，由此观察，可知诸法假立。前二种修习时可以别观，亦名离观；后二种修习时可以总观，亦名合观。列表如下：

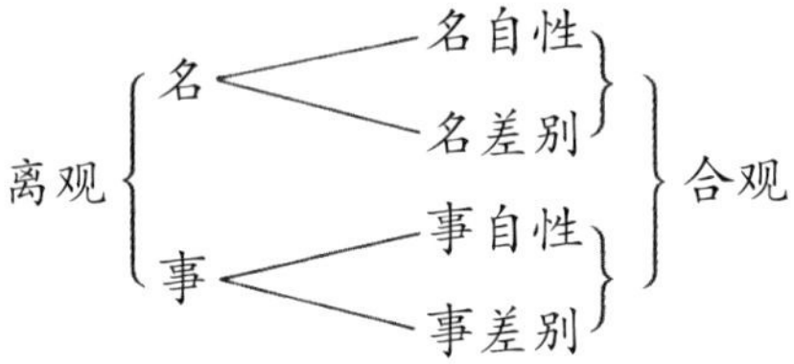

四如实智者：

一、名寻思观所引如实智。

二、事寻思观所引如实智。

三、自性寻思观所引如实智。

四、差别寻思观所引如实智。

如实者，谓恰如其实性，就是真如。前面四寻思观是观察，是推求，未有决定，以智未生起，智生则能决定。智与观慧不同，慧是抉择，智是决定，由修四寻思观为因，所引四如实真智为果。印定名事自性差别，确是唯识所现，离识非有，皆假施设，方便安立，曰如实智。若不修四寻思观，则不得四如实之智慧，不得如实观境之智慧，总是妄心分别，则不能入唯识实性。所以要入唯识实性，必须从此修四寻思观和四如实智，而为入门，同时要经历四种位次，所谓暖、顶、忍、世第一，修学佛法般若智慧，经此四种境界。四位之中前二位修四寻思观，观所取空；后二位修四如实智，观能所二取皆空。列表如下：

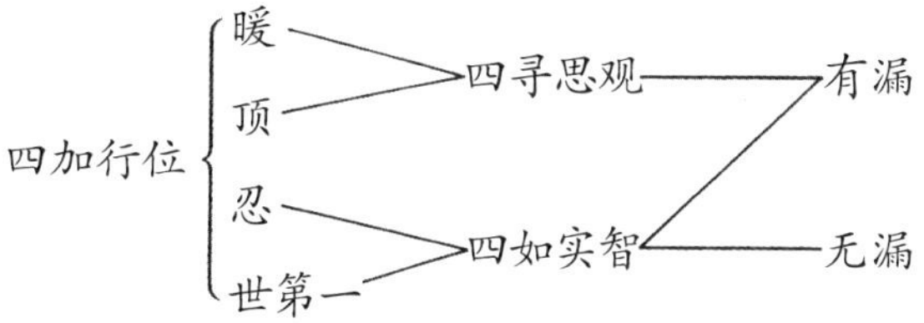

暖位：论曰："依明得定，发下寻思，观无'所取'，立为暖位。"明得定者，明是光明，即是智慧，光明为暖性，菩萨依此定发下品寻思观，观名事自性差别四者，通是所取、所缘的对象境界。这些境界，皆是依识假施设，非实有性，离识不可得。如是即得"所取"空之正确认识。

顶位：论云："依明增定，发上寻思，观无所取，立为顶位。"明增定者，智慧增长意，可以引发上品寻思观，重观"所取"空。修寻思观至此，达到最高绝顶，故立名为顶位。

忍位：论云："依印顺定，发下品如实智，于无所取决定印持，无能取中，亦顺乐忍。"印前顺后，印名顺定，即印持前面四寻思观所观之所取名等外境，皆空无自相；同时也能观察能取心识不可得，能忍乐随顺。所取既无，能取亦空，这是忍位的智慧境界。忍有下、中、上三品，今从略。

世第一位："依无间定，发上品如实智，印持二空，立世第一位。"世第一后至见道位，中间无有间断，名无间定。依此定力发上品如实智，印持所取能取皆空。此在世间有情之中，最为殊胜，故名世第一法。过此以后，刹那无间，即是出世，证真见道，成法眼净，证圣果位。

如是所说四寻思观是有漏的，四如实智通有漏无漏，见道亦修四如实智故。以上说加行位所修的法门及其行位上的境界。以下略释颂文。

颂云"现前立少物"，谓修四观四智之当前，在行者心识上，仍然有假立（施设）的少物，以为能观那所取能取外境为空，而唯识实性是不空，故云"立少物"。这就是"有所得"了。佛法修行，一有所得，即是执着，执着即为戏论，是故非是真实之住唯识性。论曰："此四菩萨，所修四观四智，皆带相故，未能证实（真如），故仍立少物（唯识性），以带相观心，有所得故，非实住唯识。"又有颂曰："菩萨于定位，观影唯是心，义相（所取）既灭除，审观唯自想。如是住内心，知所取非有，次能取亦无，后触（证）无所得。"这是说明加行位修观慧的境界。此二颂中，初颂说四寻思观，后颂前三句说四如实智，末句言证真见道。

第四节 通达位

人生自被一切烦恼及愚痴无知之所知障，障覆真实而不能如实了知，所以颠倒妄想而作业，受诸痛苦。立志学佛第一目的打破此愚痴无知之所知障，而实证真理之如如实相，从发心学佛起，直至加行位满，未能通达此真理性，世第一后方始通达，忽然开朗，微见真实，故曰通达位。通达位即是见道，道即二空真如，亦即菩提实相，唯识实性。通达是无碍义，亦即能观心与所观境合一义。在见道以前，经过资粮加行，修诸福智，求证唯识实性，直到此时方通达开悟，故曰见道。

若时于所缘　智都无所得　尔时住唯识　离二取相故

在修四加行时，对于所观境，虽有所得而已能带相观空，所观之境空，能观之智亦空。此所缘能缘皆空，实证此二空境界之智，即曰无分别智，又名根本智。因为无分别智所观的真如境，是无分别的，故能观之智亦无分别。以根本智亲证真如理，不仅所观境无所得，能观之智，亦无所得，故云“智都无所得”。此中无分别智亲证真如的意义，在哲学上的知识论看来，就是直觉的境界或直觉的知识，亲证即直觉之义。最好说是直觉现量智境，论云："不取种种戏论相故。"凡有"能取所取"，皆属戏论虚假。"尔时住唯识"，到此离一切戏论境界，才是真实安住唯识实性，"以离'二取'相故"。此智与真如，平等平等，这是真见道的境界，证此境界即入初地，菩萨的第一圣位，即是生如来家，名法王子，故是凡圣的关键。资粮加行为贤位，入地即为圣者。

见道智境有二种：一真见道，二相见道。真见道是大乘所说一心证二空真如，断二种障，由二空所显真如，了达我法二空，同时断分别俱生烦恼及分别所知障。修证此境界者有二说：一渐证渐断说：谓先证生空真如，次证法空真如，先断烦恼障，次断所知障。二障之中，先断见所断分别起者，次断修所断分别生，先断分别，后俱生，所以说渐。二顿证顿断说：谓二空顿证，二障顿断也。

相见道又有二种：一观非安立谛：谛即真实（真如），真如不可在虚妄心上和假智上安立，故名非安立谛。这是大乘所观，又分三种：观诸有情假立缘智、观诸法假缘智、观诸法有情假缘智。前二别观，后一总观，就是人法二空智境。这是大乘唯识学上的相见道。相见道者，谓法真见道，故名相见道。二观安立谛，有十六心，如《俱舍论·贤圣品》详说。兹立一表如次：

- 见道
  - 真见道——证二空真如、断二种障
    - 渐证渐断说——先证我空，后证法空。先断分别，后断俱生。
    - 顿证顿断说——二空同时证，二障同时断。
  - 相见道
    - 观非安立谛（大乘所修证）
      - 别观
        - 内遣有情假立缘智
        - 内遣诸法假立缘智
      - 总观
        - 内遣有情诸法假立缘智
    - 观安立谛（十六心）（小乘所修证）
      - 欲界四谛
        - 苦法智忍
        - 苦法智
        - 集法智忍
        - 集法智
        - 灭法智忍
        - 灭法智
        - 道法智忍
        - 道法智
      - 上二界四谛
        - 苦类智忍
        - 苦类智
        - 集类智忍
        - 集类智
        - 灭类智忍
        - 灭类智
        - 道类智忍
        - 道类智

这是三乘相共的四谛十六心见道。先要观四谛十六心行相，最后集中观于一苦谛，而证入真见道。此中有八忍八智，忍是无间道，断烦恼随眠，智是真如，是解脱道。在现观苦谛时，障覆见苦谛有几许烦恼，皆一时顿断。三界见修所断惑，依《俱舍论·随眠品》说，共有九十八种。于中见道所断有八十八种，于见道时一顿断，余十修所断。证八忍时，断四谛上一切烦恼，苦法智生，证无漏真如，了知苦实是苦，余可例知。详如《俱舍论》中说。

部派佛教中无真见道与相见道之名称，这是后来大乘别立的名目。总以断尽所断烦恼，即是见道。依《俱舍论》说，从世第一位观所取能取空时，即进而观四谛生此十六心，时间极快。十六心者，谓十六刹那耳。此十六心依唯识说，有二种："一者依观所取能取，别立法类十六种心……此十六种心，八观真如，八观正智，法真见道，无间解脱，见自证分，差别建立，名相见道。二者依观下上谛境，别立法类……各有二心；一现观忍，二现观智，如其所应，法真见道，无间解脱，见分观谛，断见所断百一十二分别随眠名相见道。"论云："菩萨得此二见道时，生如来家，住极喜地，能尽未来，利乐一切。"菩萨从初发菩提心起，即为求得见道，生如来家，现在既酬从无量劫前所发的希求心愿，故极欢喜。此时菩萨得百法明门，而能利乐一切有情。

第五节　修习位

无得不思议　是出世间智　舍二粗重故　便证得转依

前面说见道位，一种忽然贯通的境界，是悟唯识性，也就是悟真如法性。悟了之后，一切思想上的颠倒知见烦恼，固然断除了，但事上即生活上的烦恼，如贪、嗔、痴、慢等尚未断了，还需要重修，这是学佛法的菩萨第二步功夫。因为迷事惑的分别俱生烦恼所知二障不易断，尤其是所知障更不易断，要渐修方断，所谓分断烦恼，分证真如是也。此后修习就比较容易了，因为已悟真如，再不会轮回生死中去了，只需要下很长的时间去修习。

这首颂中，前二句说前见道时所证得无分别智，第三句说修习位的境界，修行断烦恼，后一句说修习位修行的结果。“无得”即前面的“智都无所得”的无分别智境，因远离了能所取的戏论分别，故云“无得”。“不思议”是形容无分别智的功用，此无分别智“善契真如，功用难测”。无得是从分别智的漏上说，不思议是从其用上说，其作用难测，故曰不思议。这是根本无分别智，非世间的有漏加行智，故云“是出世间智”。因为是断了世间一切戏论分别，故名出世间。无分别智有三义：一无得，二不思议，三出世间智。在真见道时既得此智，修道位中，八地以前加功用行，能再现前；八地以后，任运现起。又出世间智，必具二义：一智体是无漏，二亲证真如。后得智虽是无漏，但不直接亲证真如。故唯根本智得名出世间智。

“舍二粗重故”，粗重又是种子的别名，二粗重即烦恼所知二障的种子，也就是二取习气。这是二种生死的根本，故名粗重。“舍”有弃舍和断除二义，因为舍了二种粗重的缘故，便证得转依。“转依”是转依果，即是涅槃和菩提。舍二粗重的时间，尚需要经过两大阿僧祇劫，由初地至七地为一劫，由八地至佛位为一劫。因为二障不容易断，必要修行经过长时间的十地阶位。在此期中，一地要修一波罗蜜多胜行，断一种粗重（障），证一种真如。经过这十位历程之后，即可成佛。今后十地，略说其修断证果的差别。

一、欢喜地：入如来家，得圣种姓，观二空真如，能自利利他，故生大欢喜。此位菩萨，偏修布施波罗蜜多。布施度有三：谓财施、法施、无畏施。断异生障，因为初地前未入圣门，仍属异生性（凡夫），见道入地，即超凡入圣，故断异生障。初证遍行真如，此真如境，无所不遍，犹如虚空，故曰遍行真如。

二、离垢地：修戒波罗蜜多。戒谓律仪，有清凉义，其别有三：（一）摄律仪戒；（二）摄善法戒；（三）饶益有情戒。摄律仪戒又有三：一别解脱律仪，即在家出家之规律；二静虑律仪，亦名定共戒；三无漏律仪，亦名道共戒。摄善法戒，即包括一切善法善行。饶益有情，即利益一切众生事业之戒律。如是菩萨所修律仪，常无违犯，乃至细行，亦无违越，故曰戒行圆满。此位菩萨断邪行障，远离一切障垢，故曰离垢地。所有律仪以持戒律行为遍胜，持戒即是正行，过有规律之生活，不做一切非法事业，得最胜真如。因持戒关系，具无边功德，超胜一切故。

三、发光地：因得大总持法门故，发大智慧，名发光地。此地菩萨修忍辱波罗蜜多。忍辱有三：（一）耐怨害忍，谓能忍耐怨敌损害，而不加报复，不起嗔念；（二）安受苦忍，对于一切生活上的环境痛苦，能自忍受，随力改造，不如意者，亦不怨天，更不尤人；（三）谛察法忍，在修行智慧时，很真实地观察一切法性相，有忍耐力，若无定力，则不能修般若波罗蜜多故。修此忍耐行，断暗钝障，证胜流真如，亦即名为法界等流真如。

四、焰慧地：此地菩萨于菩提分法中，修令菩提法增长，发出智慧，如大火焰，能烧一切烦恼之薪。修精进波罗蜜多，亦有三种：（一）披甲精进，随修一种波罗蜜多时，其余波罗蜜多亦同时修行；（二）摄善法精进，谓努力勤修一切善法，佛法门中，不舍一法故；（三）利益有情精进，对于一切有利益众生人类的事业，无不奋发努力去做。此位菩萨断微细烦恼现行障，证无摄受真如，谓此真如性不属我法二执所摄受故。

五、极难胜地：此菩萨的能观智与所观境，能令真俗不二，真俗二谛同时现前，互相融摄，此事甚难，而菩萨能办，故云极难胜。此地修静虑波罗蜜多，亦有三种：（一）安住静虑，谓安住禅定中，所谓那伽常在定之意；（二）引发静虑，此定可以引发清净无漏智慧，能观真俗不二之性空境界；（三）办事静虑，在办事时亦能不离禅定。所谓“摄心一处，无事不办”。因这定的关系，此位菩萨，断下乘涅槃现行障。下乘即二乘，若入二乘涅槃，则不能成佛利生，故成为障，此地能断，证类无别真如，此真如无种类差别。如无眼等六根，异类差别。

六、现前地：此地修般若波罗蜜多。般若有三：（一）生空般若，断我执障；（二）法空般若，断法执障；（三）二空般若，双断二执障。修般若行，住缘起智，了达缘起即是性空，性空即是缘起。事理无碍，乃至事事无碍，引发根本最胜无分别智，断粗相现行障，即所知障中的俱生所知障。此障有染有净，断此障已，证无染净真如，就是生灭不二、净染不二之性空智境。

七、远行地：此地菩萨常现观无相，仍有功用，超二乘境界，不着常乐我净相，修方便波罗蜜多。所修善法方便有二种：（一）回向方便；（二）济拔方便。自己所做一切善法，回向广大菩提，是谓大智；以种种方便济拔众生，是谓大悲。有此悲智二种方便，故能远行。超越二乘，断细相现行障，证法无别真如，即一切法之性空无差别性，一相无相之性空真理。

八、不动地：依唯识说，五地以前，菩萨修有相观多，无相观少。入六地后，无相观多，有相观少。入第七地纯无相观，然须加行。无相观理，根本无分别智方能现前亲证。根本智虽在初地已得，但非时时现前。因此，地上菩萨有时有漏现行，有时无漏现行。菩萨起无漏现行时，有时故意现诸烦恼，而度众生。八地以上根本无分别智，任运相续，不用加行，亦能现前，不为一切烦恼，一切境界所动，故名不动地。修愿波罗蜜多，愿有两种：（一）求菩提愿；（二）度众生愿。此二愿心初发心以来，既已具足，然或有时而不现行，八地以后，此二愿心，常时现起，而不间断。断无相中作加行障，证不增减的空性真如。

九、善慧地：此菩萨得四无碍解智，说法无碍，名为善慧。修力波罗蜜多，亦有二种：（一）思择力；（二）修习力。有此二力得四无碍智，恒常说法，广度有情。

断利他不欲行障，证智自在所依真如。

十、法云地：具足广大教法，犹如云荫，作大法雨，利益众生。修习智波罗蜜多，断诸法未自在障。于利生事业，一切自在；又于一切法皆得自在，证业自在所依真如。

一、欢喜地——修布施度｛财施、法施、无畏施｝断异生障——证遍行真如

二、离垢地——修戒度｛摄律仪戒、摄善法戒、饶益有情戒｝断邪行障——证最胜真如

三、发光地——修忍辱度｛耐怨害忍、安受苦忍、谛察法忍｝断暗钝障——证胜流真如

四、焰慧地——修精进度｛披甲精进、摄善法精进、利益有情精进｝断微细烦恼现行障——证无摄受真如

五、极难胜地——修禅定度｛安住静虑、引发静虑、办事静虑｝断下乘涅槃现行障——证类无别真如

六、现前地——修般若度	生空般若 法空般若 二空般若	断粗相现行障——证无染净真如
七、远行地——修方便度	回向方便 济拔方便	断细相现行障——证法无别真如
八、不动地——修愿度	求菩提愿 度众生愿	断无相中作加行障——证不增减真如
九、善慧地——修力度	思择力 修习力	断利他不欲行障——证智自在所依真如
十、法云地——修智度	受用法乐智 成熟有情智	断诸法未自在障——证业自在所依真如

由此观之，“舍二粗重故，便证得转依”，这两句颂文，便包括了以上所说的十地菩萨之行位，知所断之障所证之果。“转依”，是最后所证的二转依果。依谓所依，即依他起。依他起有净分和染分。此中所说谓清净分依他及圆成实性。转有二种：一转舍，二转得。转即舍名曰转舍，如舍染即得净，舍苦即得乐，舍遍计执即得圆成实，舍烦恼障得大涅槃，舍所知障得大菩提。此中转舍转得，都不离行者的内心识力，即以此故，成立唯识。论曰：“成立唯识，意为有情，证得如是二转依果。”转依之义，复有四种，不能广释。列表如下：

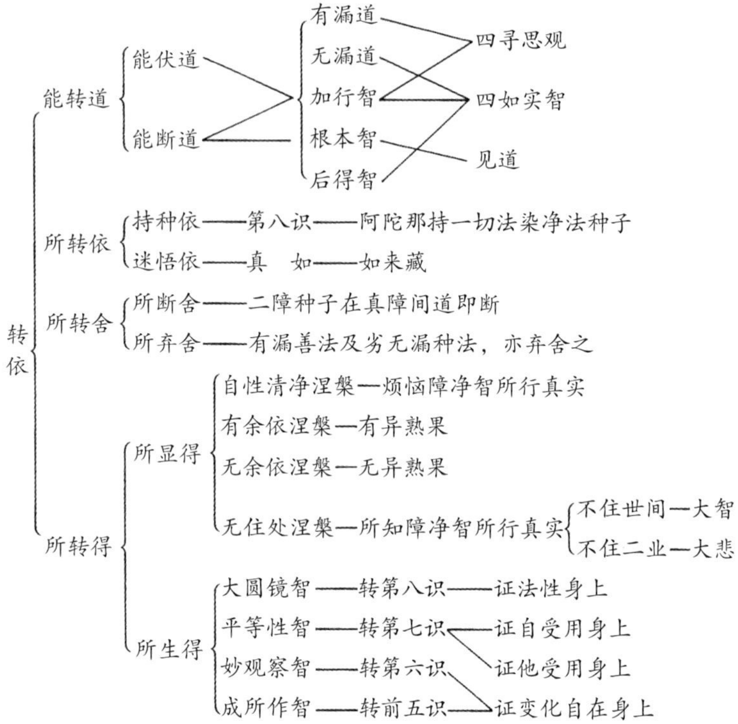

如是转八识成四智，得三身三土，就是圆满的转依果，也就是唯识学上最高的究竟境界，也就是学佛法的目的地，也就是人生之真正价值，是佛境界。

第六节　究竟位——佛果

此即无漏界　不思议善常　安乐解脱身　大牟尼法名

这一颂说明佛果。其实，前第十地尽即佛果究竟境界。此颂所说者，说转依果之别名而已。“此”指二转依果，这里用八个别名说明它。略释如下：

一、“无漏界”，此二转依果即是出世间的无漏境界。尽断有漏，性净圆明，故曰无漏。无漏法藏，曰无漏界。

二、此即是“不思议”。超诸寻思分别，心言路绝，故曰不思议。

三、此即是“善”。善是微妙，是清净法，远离生死、粗重因果，故名曰善。

四、此即是“常”。此转依果是无尽常，非自性常，尽未来际，广度众生，故无穷尽。

五、此即是“安乐”。佛果转依，无有逼迫损恼，清净自在，故曰安乐。

六、此即是“解脱身”。断二障已，得大解脱，超过二乘解脱，曰大解脱。

七、此即是“大牟尼”。牟尼，寂默义。得二转依，成就最上寂默，智与法性，俱离言说分别故。

八、此即是“法”。法曰法性身，具足无边无漏功德法聚，故曰法身。若依广义言之，以一切法为身，名之法身。

出版后记

星云大师说："我童年出家的栖霞寺里面，有一座庄严的藏经楼，楼上收藏佛经，楼下是法堂，平常如同圣地一般，戒备森严，不准亲近一步。后来好不容易有机缘进到藏经楼，见到那些经书，大都是木刻本，既没有分段也没有标点，有如天书，当然我是看不懂的。"大师忧心《大藏经》卷帙浩繁，又藏于深山宝刹，平常百姓只能望藏兴叹；藏海无边，文辞古朴，亦让人望文却步。在大师倡导主持下，集合两岸近百位学者，经五年之努力，终于编修了这部多层次、多角度、全面反映佛教文化的白话精华大藏经——《中国佛教经典宝藏》，将佛教深睿的奥义妙法通俗地再现今世，为现代人提供学佛求法的方便途径。

完整地引进《中国佛教经典宝藏》是我们的夙愿，

三年来，我们组织了简体字版的编审委员会，编订了详细精当的《编辑手册》，吸收了近二十年来佛学研究的新成果，对整套丛书重新编审编校。需要说明的是此次出版将丛书名更改为《中国佛学经典宝藏》。

佛曰：一旦起心动念，也就有了因果。三年的不懈努力，终于功德圆满。一百三十二册，精校精勘，美轮美奂。翰墨书香，融入经藏智慧；典雅庄严，裹沁着玄妙法门。我们相信，大师与经藏的智慧一定能普应于世，济助众生。

东方出版社

图书在版编目（CIP）数据

唯识史观及其哲学／法舫法师 讲述．— 北京：东方出版社，2018.8
（中国佛学经典宝藏）
ISBN 978 - 7 - 5060 - 8643 - 1

Ⅰ．①唯… Ⅱ．①法… Ⅲ．①唯识宗—宗教哲学—研究 Ⅳ．① B946.3

中国版本图书馆 CIP 数据核字（2015）第 267721 号

唯识史观及其哲学
（WEISHISHIGUAN JIQI ZHEXUE）

讲　　述：法舫法师
责任编辑：王梦楠　杨　灿
出　　版：东方出版社
发　　行：人民东方出版传媒有限公司
地　　址：北京市东城区东四十条 113 号
邮　　编：100007
印　　刷：北京京都六环印刷厂
版　　次：2018 年 8 月第 1 版
印　　次：2018 年 8 月第 1 次印刷
开　　本：880 毫米 ×1230 毫米 1/32
印　　张：10.5
字　　数：160 千字
书　　号：ISBN 978 - 7 - 5060 - 8643 - 1
定　　价：48.00 元
发行电话：（010）85924663　85924644　85924641